AF875613

DIE DINGLICHE RECHTSLAGE D
AUS DER VERSTEIGERUNG VER
UND GEPFÄNDETER SAC

VON

DR. IUR. RUDOLF MARTIN PC

LEIPZIG
VERLAG VON VEIT & COM
1915

Inhaltsverzeichnis.

Erste Abteilung.

Die dingliche Rechtslage des Erlöses aus der Versteigerung verpfändeter Sachen.

Zweite Abteilung.

Die dingliche Rechtslage des Erlöses aus der Versteigerung gepfändeter Sachen.

Erste Abteilung.

Die dingliche Rechtslage des Erlöses aus der Versteigerung verpfändeter Sachen.

I. Das Prinzip.

§ 1.

Das Bürgerliche Gesetzbuch regelt die dingliche Rechtslage des Pfanderlöses in § 1247, welcher lautet:

„Soweit der Erlös aus dem Pfande dem Pfandgläubiger zu seiner Befriedigung gebührt, gilt die Forderung als von dem Eigentümer berichtigt. Im übrigen tritt der Erlös an die Stelle des Pfandes."

Die Motive (Bd. 3 S. 833f.) geben eine ziemlich eingehende und so klare Interpretation dieser Vorschrift, daß an dem allgemeinen, dem § 1247 zugrundeliegenden Prinzip in Literatur und Praxis Einmütigkeit herrscht. Danach ist das Prinzip des § 1247 kein reines, einheitliches, sondern ein zusammengesetztes;[1] seine beiden Bestandteile sind die Prinzipien, die in der Wissenschaft allgemein als „Surrogations-" bzw. „Traditionsprinzip" bezeichnet werden.

Nach den Motiven (a. a. O.) hat sich der Entwurf, welchem das Bürgerliche Gesetzbuch ohne Abänderung folgt, grundsätzlich für das Surrogationsprinzip entschieden, d. h. für das Prinzip, „daß diejenigen Vermögensgegenstände, welche mittels

[1] Emmerich S. 350 Anm. 133 zitiert zu Unrecht Wolff, Buhl und Cosack als der Meinung, daß gemäß § 1247 nur das Surrogationsprinzip gelten solle. Wolff (in Festschrift) S. 75 spricht von unrechtmäßiger Veräußerung, wo auch nach herrschender Lehre Surrogation eintrit; Buhl S. 116, 7a und Cosack § 244c sub g β sprechen sich ausdrücklich im Sinne der allgemeinen Lehre aus.

des Verkaufs der Sache gewonnen werden, für den Eigentümer an die Stelle seines Eigentums, für die sonstigen Berechtigten an die Stelle der mit ihrem Rechte belasteten Sache treten." In welcher Weise nun das Surrogationsprinzip vom Traditionsprinzip — dem Prinzip, daß der Veräußerer einer Sache in dem Augenblick, wo er, oder wie hier sein Stellvertreter, der Gerichtsvollzieher, Besitz am Erlöse erlangt, zugleich auch Eigentümer desselben wird — durchbrochen wird, soll in der ersten Abteilung der Abhandlung eingehend untersucht werden.

Eins soll aber vorausgenommen werden. Da das Surrogationsprinzip außer für den Eigentümer der Pfandsache und den betreibenden Pfandgläubiger auch für andere an derselben etwa dinglich Berechtigte Platz greift, so wird im Laufe der Abhandlung des öfteren vom Pfandrecht an Geld die Rede sein. Um dann die einheitliche Darstellung nicht durch die Erörterung dieser, nicht direkt zum Thema gehörigen Erscheinung — die bekanntlich das Bürgerliche Gesetzbuch nicht ausdrücklich regelt — beeinträchtigen zu müssen, sei gleich hier das Nötige darüber gesagt.

Es ist klar, daß dem Geldpfandgläubiger ebenso ein Weg zur Befriedigung aus dem Pfande gegeben sein muß, wie dem Sachpfandgläubiger. Dieser erwirbt zu seiner Befriedigung Eigentum am Erlös — soweit sich aus § 1247 überhaupt nicht etwas anderes ergibt — nach den allgemeinen Regeln: Der Käufer übergibt das Geld dem Gerichtsvollzieher, der es als Vertreter des Gläubigers nach § 929 BGB. für diesen erwirbt. Ein solcher Erwerb kann im Falle, daß Geld das Pfandobjekt ist, nicht eingreifen; denn Geld wird ja nicht verkauft, so daß der Pfandgläubiger nicht nach allgemeinen Grundsätzen das Eigentum am Kaufpreis erwerben kann.

Um den gewünschten gleichen Effekt herbeizuführen, hat die Wissenschaft nach Auswegen gesucht. Hat doch die Kommission[1] ausdrücklich vertrauensvoll der Wissenschaft diese Aufgabe überlassen. Nur eine Anregung wurde dort gegeben. Danach soll angenommen werden, „daß mit der Verpfändung von Geld eine

[1] P. II Bd. 3, S. 470.

dinglich bindende Offerte der Eigentumsübertragung des Verpfänders verbunden sei, durch deren Annahme in Verbindung mit der Aneignung der Geldstücke der Pfandgläubiger das Eigentum erwerbe, und daß bei der Verpfändung von obligationsmäßigem [1] Gelde zugleich eine dinglich bindende Erklärung der Annahme jener Offerte von Seiten des Pfandgläubigers vorliege." — Diese Konstruktion ist jedoch nicht von der Wissenschaft aufgenommen worden; man sträubte sich, den Willen der Parteien als so weitgehend zu betrachten, daß der Pfandgläubiger ohne jede Erklärung mit Eintritt jener aufschiebenden Bedingung am verpfändeten Gelde Eigentum erwerben nicht nur könne, sondern sogar müsse. Vielmehr ist heute die weitaus überwiegende [2] Meinung, daß das Pfandrecht, wie im Falle einer Sachverpfändung das Recht zum Verkauf, so hier im Falle der Geldverpfändung das Recht zur Aneignung ohne weiteres in sich enthalte. Die Aneignung ist demnach einfach als Ausfluß des Geldpfandrechts, als essentiale negotii anzusehen.[3] — Schließt man sich der herrschenden Lehre an, so ist es unzweckmäßig, auf dem halben Wege stehen zu bleiben, wie PLANCK (1228, 1a) dies tut. Für den — im weiteren Verlauf der Abhandlung gerade besonders wichtigen — Fall, daß der als Pfandobjekt dienende Geldbetrag den Betrag der Forderung übersteigt, soll nämlich nach PLANCK der Pfandgläubiger nur Miteigentum erwerben dürfen. Damit ist natürlich dem Pfandgläubiger praktisch nicht gedient, vielmehr muß ihm auch verstattet werden, jenes Miteigentum im Wege der Umwechslung eigenmächtig zu trennen.[4]

---

[1] D. i. solchem, welches der Gläubiger nach Gesetz oder Rechtsgeschäft annehmen muß.

[2] Siehe KOBER 1228, 1 und die dort Zitierten.

[3] Nur BIERMANN und vereinzelte Anhänger stehen auf dem Standpunkt, daß das Aneignungsrecht kein notwendiger Bestandteil des Geldpfandrechts sei; sie erklären es aus einem stillschweigenden Aufrechnungsvertrag, lassen also die Möglichkeit offen, daß die Parteien ausdrücklich das Aneignungsrecht ausschließen. Doch ist nicht einzusehen, was für einen Zweck dann die Geldverpfändung hätte.

[4] So die herrschende Lehre für den ganz analogen Fall, daß der Sachpfandgläubiger einen Versteigerungserlös erzielt, der seine Forderung übersteigt. Vgl. u. § 2 der Abhandlung.

Da in § 1247 BGB. keinerlei Einschränkungen gemacht werden, so muß man ihn als Grundlage auch von possessorischen — nicht nur von petitorischen — Ansprüchen gelten lassen. Die Literatur befaßt sich nur deshalb fast ausschließlich mit den letzteren, weil sie auf dem Gebiete des Pfanderlöses in der Praxis die bei weitem größte Rolle spielen. Doch hebt WOLFF (Festschrift S. 75) mit Recht hervor, daß man dem früheren Besitzer der als Pfand veräußerten Sache gegen den Veräußerer, der sie ihm gegenüber fehlerhaft besaß, den Besitzschutzanspruch und den Einwand des § 861 BGB. auch hinsichtlich des Erlöses zusprechen müsse.

II. Der Versteigerungserlös bei rechtmäßiger[1] Veräußerung.

1. Der Barerlös.

a) Ein Vormann[2] betreibt die Versteigerung.

§ 2.

Der Fall, daß ein in einer Geldsumme bestehender Erlös vorliegt, daß ferner der einzige an der Sache ein Pfandrecht Habende, beziehentlich der Vormann, den Pfandverkauf betreibt, ist bei weitem als der Regelfall zu bezeichnen.

Eine mehrfache Belastung einer Sache mit dinglichen Rechten kommt ja überhaupt schon verhältnismäßig selten vor. Sie ist dem römischen Recht gegenüber erschwert, da das BGB. keine Ver-

---

[1] Gemäß §§ 1243, 1244 BGB. ist die Pfandveräußerung rechtmäßig, wenn die im folgenden kurz charakterisierten Erfordernisse erfüllt sind:

1. Verkauf nach Pfandreife (§ 1228 Abs. 2),
2. Maßvoller Verkauf (§ 1230 Abs. 2),
3. Öffentlichkeit der Versteigerung (§ 1235),
4. Öffentliche Bekanntmachung (§ 1237 Abs. 1),
5. Zuschlag zum Gold- bzw. Silberwert (§ 1240),
6. Gültiges Pfandrecht (§ 1244).

[2] Es sei verstattet, nach dem Vorbilde WOLFFS (vgl. Festschrift passim) statt den umständlichen Bezeichnungen „ein den anderen dinglich Berechtigten im Range vorgehender Pfandgläubiger“, „ein anderen dinglich Berechtigten im Range nachstehender Pfandgläubiger“ einfach die Ausdrücke „Vormann“, „Nachmann“ zu gebrauchen.

pfändung ohne Besitzübertragung kennt. Immerhin ist eine Nachverpfändungsmöglichkeit durch die Vorschrift des § 1205 II BGB. gegeben; auch auf eine nach § 1206 BGB. erfolgte Verpfändung hin kann eine Nachverpfändung erfolgen, indem der Verpfänder seinen Mitbesitz einem neuen Pfandgläubiger überträgt. — Praktisch wichtiger ist der Fall des Zusammentreffens eines vertraglichen und eines gesetzlichen Pfandrechts; insbesondre der umfassende Charakter des Vermieterpfandrechts ist einer derartigen Rechtslage förderlich. Liegt aber eine solche Pfandrechtskonkurrenz vor, so wird wieder wegen der Vorschrift des § 1232 BGB. der Nachmann selten — relativ oft nur im Falle der Konkurrenz eines vertragsmäßigen mit einem gesetzlichen, vorgehenden Pfandrechte — in der Lage sein, den Verkauf zu betreiben.

Betreibt also der Vormann den Pfandverkauf, so ergibt die Bestimmung des § 1247 Satz 2 ganz klar, daß Surrogation nur eintritt, soweit dem Veräußerer eine Forderung nicht zusteht. Niemand bezweifelt — hier, im Gebiete des BGB. — daß also die Worte „Soweit . . . gilt die Forderung als . . . berichtigt" dingliche Bedeutung haben, indem sie in ihrem Umfange das Surrogationsprinzip durchbrechen und das Traditionsprinzip an dessen Stelle setzen. Und man gelangt zu folgenden Ergebnissen:

1. Ist der Erlös kleiner als die Pfandforderung oder doch nur genau so groß, dann bleibt für eine Surrogation überhaupt kein Raum; der Veräußerer erwirbt an dem ganzen Gelde Eigentum.

Dieser — in der Praxis natürlich häufigste — Fall ist also unter der theoretischen Beleuchtung am schnellsten abgetan. Schwieriger liegt der Fall, auf den § 1247 seiner Fassung nach hauptsächlich zugeschnitten ist, nämlich

2. daß der Erlös größer ist als die Pfandforderung. Dann kann nämlich, um es gleich vorweg zu sagen, § 1247 in der Regel nicht unmittelbar angewandt werden. Für den Regelfall enthält das Gesetz eine Lücke, von der in der Literatur nicht allzuviel die Rede ist, was jedoch nur darauf zurückzuführen ist, daß die Ausfüllung derselben überhaupt nur in einer ganz klar vorgezeichneten Weise erfolgen kann. Darauf soll jetzt näher eingegangen werden.

Schon die Motive[1] weisen darauf hin, daß es „möglicherweise“ „an einer körperlichen Abgrenzung des Eigentumserwerbs und an einer individuellen Bestimmung der Geldstücke fehlt, welche dem Einen und dem Andern gehören“. Es wird daselbst geleugnet, daß dieser Umstand gegen die Zweckmäßigkeit der in § 1247 getroffenen Regelung spräche: „Fehlt es wirklich an einer solchen Abgrenzung, so ist auf Seiten des Pfandgläubigers Miteigentum anzunehmen und zwar nach dem Verhältnis des ihm gebührenden Betrages zu der Summe des Erlöses.“

In Anschluß an diese Äußerungen der Motive nimmt denn auch die gesamte Literatur ein vorläufiges Miteigentum am Barerlös an, und von dieser Basis aus operiert man weiter. Eine Vorschrift, wonach an dem Pfanderlös Miteigentum entstehen müsse, enthält nun das BGB. nicht. Die Kommentare und Lehrbücher, die das behaupten, geben durchweg keinen Grund hierfür an; nur Emmerich (S. 355) gibt eine Erklärung. Er wendet den § 948 BGB. per analogiam an; nur falls der Erlös in nur einem Geldstücke besteht, ist er für eine analoge Anwendung des § 947 BGB. — Eine solche Unterscheidung ist aber[2] nicht zu billigen. Gewiß: Das äußere Bild mehrerer Geldstücke erinnert eher an etwas Vermengtes, und nur für eine einzelne Sache, wie ein Geldstück, scheint das Bild der Verbindung „zu einer einheitlichen Sache“ zu passen. Logischer jedoch dürfte man auch im Falle eines aus mehreren Geldstücken bestehenden Erlöses auf jedes einzelne von ihnen den § 947, nicht auf ihre Gesamtheit den § 948 anwenden.

Man ist dann nämlich nicht versucht, die Entstehung von Miteigentum zu leugnen, wenn der dem Pfandgläubiger und der dem früheren Eigentümer der Pfandsache zukommende Betrag zufällig unterscheidbar vorliegen. Dies tut nämlich Emmerich (S. 355); wenn der Erlös in zwei 20-Markstücken besteht, so soll nach ihm, falls die Forderung des Gläubigers gerade nur 20 Mark betrug, dieser und der frühere Eigentümer der Pfandsache Alleineigentum an je einem der beiden Geldstücke erlangen. Da

[1] M. III. S. 833.

[2] Ganz abgesehen davon, daß ja § 948 BGB. inhaltlich auf § 947 verweist, daß also ein praktischer Unterschied sowieso nicht vorliegt.

aber doch keinerlei Handhabe da ist, dem Einen gerade dieses, dem Andern jenes 20-Markstück zuzuschreiben, so wird man auch in einem solchen Falle Miteigentum, nämlich an jedem der beiden Geldstücke zur Hälfte, annehmen müssen, wozu man nur vermittelst analoger Anwendung des § 947 kommt. Dieses Resultat ist nicht etwa unpraktischer als dasjenige EMMERICHS; dieselben Mittel zur Trennung des Miteigentums, die der Pfandgläubiger im Regelfall hat — und von denen sogleich die Rede sein wird —, stehen ihm auch hier zu Gebote.

Es gibt überhaupt nur zwei Fälle, wo wirklich kein Miteigentum am Erlöse entsteht.

Der eine ist der, daß der Gerichtsvollzieher gleich bei der Empfangnahme des Erlöses die — ihm natürlich in der Regel fernliegende! — Absicht hat, den einen konkreten Teil der Geldstücke dem Pfandgläubiger, den andern dem früheren Sacheigentümer zu Eigentum zu erwerben und diese Absicht nicht durch nachträgliche Vermengung des Geldes paralysiert. Dann erwerben die beiden in der Tat an den betreffenden Beträgen Alleineigentum und zwar nach § 929 i. V. m. § 164 Abs. 1 BGB.; denn Vertreter des Gläubigers ist der Gerichtsvollzieher sowieso[1] — ihm kann er also Eigentum erwerben — und zum Vertreter des Sacheigentümers macht ihn ja gerade § 1247 Satz 2 für den ganz speziellen Fall des Eigentumserwerbs am Übererlöse.[2]

Der andere Fall, wo kein Miteigentum zwischen Gläubiger und früherem Sacheigentümer entsteht, beruht auf anderen Gesichtspunkten. Wenn man nämlich schon die Vorschriften über „Verbindung" entsprechend anwendet, so muß man auch für den Fall, daß der eine der beiden konstruktiven Erlösteile unverhältnismäßig klein ist, die Vorschrift des § 947 Abs. 2 analog anwenden, also Alleineigentum am ganzen Erlös entstehen lassen. Doch

---

[1] Auf dem Gebiete des bürgerlichen Rechts hat dies noch niemand bestritten, da ja hier der Gerichtsvollzieher nur als privater Bediensteter des Gläubigers den Pfandverkauf vornimmt.

[2] Der Wille des Gerichtsvollziehers genügt natürlich zur Einigung im Sinne des § 929 BGB.; denn der Ersteher hat bei der Übergabe der Geldstücke keine bestimmte Person im Auge, der er Eigentum übertragen will. Er meint einfach den, dem es rechtlich zukommt.

darf man das nur für den Fall eines unverhältnismäßig kleinen Übererlöses gelten lassen, so daß also dann dem ehemaligen Sacheigentümer nur ein Anspruch aus § 951 BGB. erwächst; nicht aber für den — natürlich seltenen — Fall eines unverhältnismäßig großen Übererlöses. Daß es unsinnig wäre, hier dem Pfandgläubiger nur einen obligatorischen Anspruch gegen den Pfandeigentümer zu gewähren, liegt klar auf der Hand: Der Pfandgläubiger wäre dem Eigentumsherausgabeanspruch des früheren Sacheigentümers ausgesetzt, so daß sein Pfandrecht gerade in dem Fall, wo er sich ganz besonders gesichert glaubte, nämlich wo für eine relativ kleine Forderung ihm ein relativ wertvoller Gegenstand haftete, völlig illusorisch wäre! Eine Analogisierung des § 947 Abs. 2 BGB. ist daher für den Fall eines unverhältnismäßig großen Übererlöses abzulehnen, weil sie zum Wesen des Pfandrechts im Widerspruch steht.[1]

Es ist also gezeigt worden, daß in weitaus den meisten Fällen der Pfandveräußerung tatsächlich Miteigentum am Erlös, mithin eine Rechtslage vorliegt, die der Regelung des § 1247 gar nicht entspricht! Die Wissenschaft sah sich somit vor der Aufgabe, durch weitere theoretische Konstruktionen zu rechtfertigen, daß jene in Praxis gewöhnlich erreichte Rechtslage in die vom Gesetz gewollte umgewandelt wird.

Eine Rechtfertigung dieser Art ist nötig, weil zu jener Umwandlung Handlungen notwendig sind, die — objektiv betrachtet — einen deliktischen Charakter tragen; handelt es sich doch um eine offenbare Verletzung fremden Miteigentums! — Die Motive (a. a. O.) gehen dieser Schwierigkeit aus dem Wege. Sie nehmen sehr richtig ein Kommunionsverhältnis an und meinen, es könne nicht stören, daß der Pfandgläubiger sich nicht einseitig durch Zueignung befriedigen könne, wie in dem Falle des Pfandrechts an Geld; „denn die Geldverteilung bietet nicht die mindeste praktische Schwierigkeit". Dazu ist zu bemerken, daß eine Schwierigkeit der Geldverteilung eben doch bestehen würde, wenn man, wie die Motive anscheinend wollen, sich nur mit den Bestimmungen über die „Gemeinschaft" behelfen soll.

---

[1] In diesem Sinne Emmerich S. 355.

Die §§ 742ff. enthalten nämlich keine Vorschrift, die den Pfandgläubiger in die Lage versetzt, in die ihn § 1247 offenbar versetzen will, nämlich an dem ihm gebührenden Erlösteile sofort Eigentum für sich allein zu erlangen. Er kann nur gemäß § 749 Abs. 1 „die Aufhebung der Gemeinschaft verlangen". Was nun, wenn der Schuldner nicht zustimmt?! Soll der Pfandgläubiger ihn erst wieder besonders dazu verurteilen lassen?! — Der ganze Zweck des § 1247 Abs. 2, der doch darin besteht, dem Gläubiger möglichst rasch zu seiner Befriedigung zu verhelfen, wäre verfehlt, wenn man diesem keinen anderen Weg öffnete.

Man muß es daher als ein, wenn auch vom Gesetz nirgends ausdrücklich erwähntes, so doch aus seinem Sinn als selbstverständlich zu entnehmendes Recht des Gläubigers auffassen, sich aus dem Erlöse eigenmächtig zu befriedigen. In diesem Sinne spricht sich denn auch die gesamte Literatur aus.[1]

Für den Fall, daß der Erlös größer ist als die Forderung, sind, nachdem die Wirkungen für den betreibenden Pfandgläubiger und für den Eigentümer betrachtet sind, noch diejenigen für etwaige Nachmänner zu erörtern. Es kann dies in aller Kürze geschehen, weil für sie im großen und ganzen dasselbe gilt wie für den Eigentümer. Hat dieser kein Alleineigentum, sondern nur eine Miteigentumsquote erlangt, so bestehen die Rechte der Nachmänner bis zur Aufhebung des Miteigentums an jener. Danach bestehen sie an der nunmehr im Alleineigentum des Schuldners stehenden Hyperocha. Gemäß §§ 1065, 1227 BGB. haben die dinglich Berechtigten dingliche Klagen gegen den Pfandgläubiger[2]. In den Besitz des Übererlöses gelangt, wird

[1] So Biermann 1247, 3; Dernburg 926; Planck 1247, 2, der den Pfandgläubiger kurz und treffend „kraft seines Befriedigungsrechts befugt, die Gemeinschaft durch Teilung in Natur aufzuheben" nennt. — Emmerich S. 353 konstatiert überdies noch ein besonderes Recht des Pfandgläubigers, den Erlös zuvor umzuwechseln, wenn dies zur faktischen Teilung nötig ist. Gewiß ist auch diese Befugnis nicht in den §§ 742ff. ausgesprochen; doch wird man sie, wenn auch das Umwechseln zeitlich vor der Aneignung liegt, nur als selbstverständliche logische Folge des Aneignungsrechtes aufzufassen haben. Gewährt man also dieses, so bedarf es keiner besonderen Gewährung eines Umwechslungsrechts.

[2] Westhoff S. 50 bemerkt dazu, daß die „Pflicht des Pfandgläubigers zur Auslieferung des Übererlöses an die Berechtigten nicht als unbedingt

der Nießbraucher nach § 1067 BGB. Eigentümer des Geldes mit der Verpflichtung des Wertersatzes nach Beendigung des Nießbrauches; der Pfandgläubiger hat nur den gewöhnlichen Pfandbesitz. Wenn seine Forderung fällig ist, so kann er sich — wie in § 1 der Abhandlung gezeigt — aus dem Gelde befriedigen.

Somit wäre das Nötige über die Beziehungen der Beteiligten zu dem Erlösteile, der ihnen gebührt, gesagt. Der Pfandgläubiger, der den Verkauf betrieben hat, steht nun aber auch noch zu dem Erlösteile in Beziehung, der ihm nicht gebührt. Der Gerichtsvollzieher liefert ihm ja den ganzen Erlös aus; in was für einem Verhältnis steht er nun zu dem ihm nicht gebührenden Erlösteile?

Die Einen[1] nehmen an, daß der Pfandgläubiger am Übererlöse Pfandbesitz erhält. — Diese Auffassung ist abzuweisen. Sie wird zu Unrecht aus § 1247 Satz 2 gefolgert.[2] Demgegenüber ist zu sagen, daß man das Surrogationsprinzip auf eine Person nicht nur teilweise anwenden darf. Der Pfandbesitz ist aber begrifflich ein Teil der Pfandgläubigerstellung, und aus dieser wird — darüber herrscht Einstimmigkeit — der Gläubiger durch § 1247 Satz 1 verdrängt. Wenn er also nun faktisch noch Besitz hat, so ist das auf keinen Fall Pfandbesitz. Jedenfalls darf man aber, auch wenn man Pfandbesitz annimmt, nun durchaus nicht folgern — wie Bloch a. a. O. es tut —, daß der Pfandgläubiger nun bezüglich des Übererlöses nur für culpa in concreto hafte (gemäß § 690 BGB.). Dadurch, daß der Pfandbesitzer nach § 1215 BGB. verwahrungspflichtig ist, ist nämlich noch lange nicht gesagt, daß nun die §§ 688ff. BGB. zur direkten Anwendung kommen müßten.[3]

---

anzusehen" sei; dem Pfandgläubiger stehe die „Einrede der vollzogenen Übereignung an den Eigentümer" zu. Diese Ausdrucksweise in Bezug auf rein dingliche Klagen ist unpassend; es wird doch einfach die fehlende Passivlegitimation vorgeschützt.

[1] Z. B. Kober 1247, 1a; Bloch S. 39ff.; in der Sache auch Günther 43.

[2] So ausdrücklich Bloch a. a. O.

[3] Wie hier die Kommentare. — Der RGR.-Kommentar 1215, 2 macht besonders treffend auf zwei Punkte aufmerksam, die hier eine ganz andere Sachlage schaffen, als sie beim Verwahrungsvertrag vorliegt. Erstens übergibt der Verpfänder die Sache nicht aus Vertrauen zur Verwahrungsfähigkeit des Pfandgläubigers, sondern nur, weil dies zur Verpfändung nötig ist;

Andere leugnen den Pfandbesitz. Die rechtliche Natur, die sie dem Besitze beimessen, ist wieder verschieden. Doch hat NEBINGER, der den Pfandbesitz gleichfalls leugnet, Unrecht, wenn er S. 31 sagt, daß es überhaupt ohne Bedeutung sei, welcher rechtlicher Natur jener Besitz sei. Denn mit ihrer Erforschung hängt die Beantwortung der Frage zusammen, welcher Art der Anspruch des ehemaligen Sacheigentümers gegen den Gläubiger ist, und zwar insbesondere dann, wenn die konkreten Erlösgeldstücke nicht mehr vorhanden sind. — In den Kommentaren und Lehrbüchern nimmt man diesen Punkt nicht so genau; wo von jenem Anspruch des Eigentümers die Rede ist, da wird er einfach als „Bereicherungsanspruch" gekennzeichnet, ohne daß dafür Belege erbracht werden.[1]

In der Tat ist diese Lösung nicht so selbstverständlich; so halten denn auch Einige den Anspruch für einen Deliktsanspruch.[2] Sie nennen die widerrechtliche Aneignung des Übererlöses einfach Unterschlagung, wollen also anscheinend auch strafrechtliche Konsequenzen gezogen wissen! — Das ist nun aber eine ganz unmögliche Auffassung, wenn man bedenkt, daß eine solche „Unterschlagung der Hyperocha" in der Praxis bei den weitaus meisten Pfandveräußerungen vorkommt! STEIN (Grundfragen S. 78) tadelt bei Untersuchung der ganz analogen Sachlage im Falle der Veräußerung gepfändeter Sachen mit Recht diejenigen Bearbeiter der Frage, „die von der naiven Vorstellung ausgehen, daß der Gläubiger persönlich neben dem Gerichtsvollzieher steht und den Erlös in Empfang nimmt" und weist darauf hin, daß die Wege der Überweisung durch Postanweisung oder auf Scheckkonto heutzutage fast stets eingeschlagen werden. In allen diesen Fällen liegt auch der objektive Tatbestand der Unterschlagung vor: Indem auf des Gläubigers Anweisung der Gerichtsvollzieher, sein Vertreter, das Geld beim Postamt einzahlt, über-

---

zweitens verwahrt der Gläubiger die Sache nicht nur im Interesse des Verpfänders, sondern auch in seinem eigenen! Beide Momente kehren sich speziell gegen eine Annahme der Haftung nur für culpa in concreto.

[1] So bei KOBER 1247, 1a; BIERMANN 1247, 3; WOLFF (Sachenrecht) § 166 VII 2a.

[2] So ENDEMANN S. 929 Anm. 23; NEUMANN 1247, 3a.

trägt er das Eigentum an die Postanstalt, der Gläubiger verfügt also darüber wie ein Eigentümer, d. h. er unterschlägt es insoweit, als es ihm nicht zur Befriedigung gebührt. — Zweifelhaft ist allerdings schon, ob auch der subjektive Tatbestand der Unterschlagung vorliegt, d. h. ob dem Bauer, dem ein Sack Kartoffeln verpfändet wurde, das Bewußtsein zuzutrauen ist, daß er mit dem Erlöse eine — zum Teil! — fremde Sache sich aneignet. Jedoch ist letztere Erwägung nur fürs Strafrecht von Bedeutung, nach bürgerlichem Recht wäre trotzdem eine Deliktshaftung aus § 823 Abs. 1 gegeben; denn zum mindesten ist es jenem zur Fahrlässigkeit zuzurechnen, wenn er, der doch die Höhe seiner Forderung kennt, sich trotzdem einen größeren Betrag aneignet.

Der Fehler derer, die eine Deliktshaftung des Gläubigers annehmen, liegt aber darin, daß sie die Rechtmäßigkeit der Aneignung übersehen. Es wurde oben gezeigt, daß es ein Ausfluß des Pfandrechts ist, das Miteigentum am Erlöse eigenmächtig aufzuheben und zu diesem Zwecke eventuell eine Umwechslung der konkreten Erlösgeldstücke vorzunehmen. In diesem Recht zum Umwechseln ist natürlich ein Recht zur Aneignung enthalten, denn es wäre doch unsinnig, dem Pfandgläubiger, der den Erlös mit eignem Gelde umwechseln will, vorzuschreiben, daß er das Umwechslungsgeschäft Zug um Zug vornehmen solle.[1] Ja, man wird nicht nur eine solche Verpflichtung des Gläubigers, sondern sogar die Fähigkeit, durch den Umwechslungsakt einseitig dem ehemaligen Sacheigentümer Eigentum verschaffen zu können, leugnen müssen; vielmehr ist, da irgend eine Sondervorschrift ja nicht besteht, zum Eigentumserwerb des ehemaligen Sacheigentümers eine Übereignung nach allgemeinen Grundsätzen (§§ 929ff. BGB.) erforderlich. Sonst müßte man ja den Gläubiger, der einseitig den ehemaligen Sacheigentümer zum Eigentümer der Hyperocha gemacht hat und sich diesen freiwillig aus seinem Vermögen ausgeschiedenen Betrag nachträglich wieder zueignet

[1] D. h. der Gläubiger braucht nicht etwa den den Erlös bildenden Hundertmarkschein mit der rechten Hand zu ergreifen und, dafern seine Forderung nur 80 Mark betrug, gleichzeitig mit der linken 20 Mark aus seiner Tasche nehmen und fortab gesondert, als dem ehemaligen Sacheigentümer gehörig, aufzubewahren.

— er braucht vielleicht am Monatsletzten Geld und hat die feste Absicht, am nächsten Tage den Betrag zu restituieren! —, wegen Unterschlagung bestrafen!

Um derartigen unnatürlichen Ergebnissen zu entgehen, muß man auch die Ansicht Westhoffs (S. 18ff.) zurückweisen, daß in der Verpfändung ein „bedingter Auftragsvertrag“ liege, „nämlich die Verpflichtung, dem Pfandgläubiger das Eigentum an der Hyperocha zu verschaffen“; ferner die Ansichten Nebingers (S. 31) und Günthers (S. 43), die — ohne Pfandbesitz anzunehmen — doch einer Verwahrungspflicht am Übererlös das Wort reden. — Eine solche Pflicht zu konstruieren erscheint sofort überflüssig, wenn man erkennt, daß dem früheren Sacheigentümer dadurch, daß der Gläubiger den Erlös umwechselt, kein Eigentum am Übererlös entstehen kann.

In Wirklichkeit haftet ganz einfach der Pfandgläubiger, wenn er den Erlös mit eignem Gelde umwechselte — juristisch ausgedrückt: wenn er den (Original-)Erlös mit seinem übrigen Vermögen vermengte —, dem früheren Sacheigentümer gemäß § 951 BGB., wenn er den Erlös von einem anderen mit dessen Gelde umwechseln ließ — wenn er also über ihn verfügte — dagegen gemäß § 816 BGB. — Die herrschende Lehre hat also Recht; es ist stets ein Bereicherungsanspruch gegeben.

Angesichts der schon hervorgehobenen Tatsache, daß die zuletzt dargestellte Regelung in Wirklichkeit fast stets Platz greift, kann man sich nicht verhehlen, daß der Unterschied des heutigen und des gemeinen Rechts, welches bekanntlich dem früheren Sacheigentümer von vornherein nur ein Forderungsrecht auf die Hyperocha gab, nicht sehr praktisch ist. Es zeigt sich hier wieder einmal, daß sich das Recht nicht am grünen Tisch machen läßt! Die Gesetzgeber hatten die Absicht, den Eigentümer und die dinglich Berechtigten besonders für den Fall des Konkurses des Pfandgläubigers besser zu stellen, als das gemeine Recht dies tat;[1] doch ist ihnen das gerade für den regulären Fall des Pfandverkaufs — wofür der Fall, daß ein Vormann den Verkauf betreibt und ein Barerlös vorliegt, anzusehen ist — so gut wie mißglückt:

---

[1] Vgl. M. 833.

Das Surrogationsprinzip steht nur auf dem Papier, während in Wirklichkeit das Traditionsprinzip ausschließlich herrscht! — Für den ehemaligen Sacheigentümer bewendet es dabei; etwas günstiger sind die an der Pfandsache vordem dinglich Berechtigten daran. Auch für sie ist ja der Erlös durch die Aneignung des betreibenden Gläubigers ebenso unzugänglich geworden, wie die Pfandsache durch ihre Veräußerung. Da nun aber in dem Vermögen des ehemaligen Sacheigentümers an Stelle des Übererlöses wieder ein neuer Vermögenswert, nämlich der Bereicherungsanspruch, getreten ist, so ist es naheliegend, für die dinglich Berechtigten den § 1247 Satz 2 nun auch entsprechend auf jenen Bereicherungsanspruch anzuwenden, d. h. die Drittrechte fortab an diesem weiterbestehen zu lassen. Das ist etwas so Selbstverständliches, daß es in der Literatur sogar durchwegs übersehen wird, das es sich hierbei nur um eine entsprechende Anwendung des § 1247 Satz 2 handeln kann;[1] denn der Bereicherungsanspruch ist ja nicht das eigentliche Surrogat für die Pfandsache, sondern erst wieder das Surrogat für jenes Surrogat, und der Ausdruck „Erlös“, wie ihn § 1247 gebraucht, ist für ihn nicht eigentlich passend.

b) Ein Nachmann betreibt die Versteigerung.

§ 3.

Streit auf der ganzen Linie herrscht darüber, inwieweit das Surrogationsprinzip eingreifen soll, wenn dem betreibenden Pfandgläubiger ein anderer dinglich Berechtigter vorgeht, dessen Recht durch die Veräußerung erlischt.[2] Die Streitfrage lautet: „Gebührt dem betreibenden Nachmann der Erlös zu seiner Befriedigung?“

Um diese Frage beantworten zu können, muß man sich über die Bedeutung des Wortes „gebühren“ im Klaren sein. Das Wort bezeichnet einen Zustand tatsächlicher Art. Liegt nun der durch das Wort gekennzeichnete Zustand vor, so liegt er selbstredend allen gegenüber vor. — Das Gesetz kann natürlich jederzeit einem

---

[1] Es wird allgemein so dargestellt, als ob die Surrogation des Bereicherungsanspruchs direkt aus § 1247 Satz 2 zu entnehmen sei; vgl. unten § 4.

[2] Gemäß § 1242 tut dies jedes Pfandrecht und der Nießbrauch, er habe denn den ersten Rang inne.

Wort von einer solchen absoluten Bedeutung für einen Einzelfall relativen Sinn geben.[1] Hier ist nichts dergleichen im Gesetz zu lesen; man darf also nicht, wie WESTHOFF (S. 24ff.) sagen, daß der Erlös dem betreibenden Gläubiger zwar dem Eigentümer gegenüber gebühre, nicht aber den Vormännern gegenüber, daß also der betreibende Nachmann am Erlöse in Höhe seiner Forderung und der der Vormänner ein mit den Rechten dieser letzteren belastetes Eigentum erhalte.

Daß WESTHOFFS Ansicht unhaltbar ist, zeigt ihr Ergebnis. Einerseits bestehen die Pfandrechte der Vormänner unverändert an dem Erlösteile des Nachmannes fort; andererseits können die Vormänner gemäß § 1247 Satz 2 sich auch noch an die Hyperocha halten. Sofern daher der Erlös größer ist als alle Pfandforderungen zusammen, stehen dem Eingriff der Vormänner nebeneinander die Vermögen zweier verschiedener Personen offen: jene könnten also nebeneinander gegenüber beiden ihre Rechte geltend machen. — WESTHOFF sieht selbst ein, daß das unbillig wäre und legt deshalb (S. 36ff.) dem Erlös eine „schuldtilgende Tendenz" bei, von der im Gesetz ebenfalls wieder nicht die Rede ist; eben gerade nur gegenüber dem betreibenden Gläubiger soll die Schuld als getilgt gelten, „im übrigen" aber nicht!

Vertritt man schon die Meinung, daß dem betreibenden Nachmann der Erlös überhaupt[2] nicht gebührt, so ist damit die dingliche Rechtslage des Erlöses unschwer auffindbar. Schwierigkeiten haben nur Schriftsteller gefunden, die das Surrogationsprinzip des § 1247 Satz 2 nur auf den Fall der Hyperocha angewandt wissen wollen, wie ÖRTMANN[3] es tut. ÖRTMANN meint also: gebührt der Erlös dem Gläubiger deshalb — zu einem Teile — nicht zu seiner Befriedigung, weil — eben um diesen Teil — seine Forderung kleiner ist als der Erlös, so soll insoweit Surrogation eintreten. Gebührt im aber der Erlös aus einem anderen Grunde nicht zu seiner Befriedigung — für unseren Fall also, weil er zuvor einem Vormann gebührt —, so soll der Gläu-

[1] So soll das Wort „unwirksam" in § 135 BGB., eben weil dies dort so bestimmt ist, relativen Sinn haben.

[2] D. h. allen Beteiligten gegenüber.

[3] S. 49, 50; Kommentar 816.

biger trotzdem Eigentum erwerben. ÖRTMANN hat mit dieser willkürlichen Einschränkung des klaren Wortlautes des § 1247 Schule gemacht; auch SCHULZ (S. 402), SMOIRA (S. 60) erkennen sie als richtig an und wagen deshalb nur, den § 1247 Satz 2 in anderen Fällen des Nichtgebührens analog anzuwenden.

Da jedoch eine Begründung einer dermaßen eingeschränkten Bedeutung — und daher einer Notwendigkeit der Analogisierung — sich bei keinem der erwähnten Schriftsteller findet, so ist KOBER zuzustimmen, wenn er (1247, 3) sagt: „soweit er (der Pfandgläubiger, der den Verkauf betreibt) aber nicht befriedigt ist, handelt es sich auch bei ihm um Rechtsverhältnisse, die unter die Worte ‚im übrigen‘ des Satz 2 fallen.“

Doch ist auch durch die Erkenntnis, daß der Erlös dem betreibenden Nachmann weder dem Vormann gegenüber noch im Verhältnis zum ehemaligen Sacheigentümer gebühre, noch nicht jede Schwierigkeit beseitigt. Man ist sich nämlich, von dieser Basis ausgehend, wieder nicht einig, ob der Erlös dem Nachmann völlig oder nur zum Teil nicht gebühre! — Die Streitfrage soll möglichst kurz behandelt werden, da sie noch mehr rein konstruktioneller Art ist, als es zum Teil schon bei den in § 2 der Abhandlung erörterten Detailfragen der Fall war. Insbesondere ist das Ergebnis beider Ansichten praktisch genau dasselbe.

Man kann daher unbedenklich der Konstruktion den Vorzug geben, die als die gedanklich exaktere erscheint. Danach aber gebührt dem betreibenden Nachmann der Erlös überhaupt nicht.[1] Er kann ihm erst gebühren, wenn er ein Recht auf Befriedigung hat. Ein solches hat jedoch ein dinglich Berechtigter nach allgemeinen Grundsätzen des Sachenrechts erst dann, wenn alle Vormänner befriedigt sind; bis dahin „ruht“ das seinige gewissermaßen.[2]

Die Gegenmeinung, vorzüglich vertreten von PLANCK (1247, 2), behauptet, daß dem betreibenden Nachmann der Erlös nur inso-

---

[1] So KOBER 1247, 3 und die dort Zitierten.

[2] Diese Begründung dürfte stichhaltiger sein als die von KOBER a. a. O., daß sich Gesagtes „aus dem Surrogationsprinzip ergäbe“. Das, was KOBER da als „Begründung“ anführt, ist ja gerade das strittige Thema, das erst bewiesen werden soll!

weit nicht gebühre, als daraus die Forderungen der Vormänner zu decken wären. Es wird dabei stark mit verführerischen Zweckmäßigkeitsgründen operiert. So wird es als besonderer Vorzug der Lehre hingestellt, daß es sofort zu einer Befriedigung des Gläubigers komme, während die hier vertretene Meinung erst wieder nur ein Pfandrecht am Erlöse ihm gewähren könne. Doch ist in Wirklichkeit dem betreibenden Gläubiger auch mit einem Pfandrecht gedient. Da ja das Surrogationsprinzip in jeder Hinsicht gilt, so hat er, wie früher bezüglich der Pfandsache, so jetzt noch immer bezüglich des Erlöses das Ablösungsrecht des § 1249 BGB. Macht er davon Gebrauch, so hat er ein — nunmehr erstrangiges — Pfandrecht am Gelde, so daß er sich einfach befriedigen kann, wie oben § 1 gezeigt wurde. — Andererseits besteht die Zweckmäßigkeit der Gegenmeinung nur in der Theorie. Einer ihrer Vertreter, Crome (Bd. 3, S. 860), muß selbst zugeben: „Inwieweit dem betreibenden Nachmann der Erlös nicht gebührt, das stellt sich eventuell erst später heraus.“ Diese „Eventualität“ wird in Wirklichkeit die Regel bilden; ihr einfacher Grund ist der, daß der Nachmann die Höhe der Forderungen der Vormänner nicht genau kennt. Was nutzt aber ein Eigentumserwerb, dessen Höhe sich erst später herausstellt?! Gerade das, was der einzige Vorzug von Plancks Lehre wäre, die sofortige reinliche Scheidung des Erlöses, greift also in der Regel doch nicht Platz.

Überdies trifft die Behauptung Biermanns (1247, 5), daß ein Verkaufsrecht für den Verkäufer keinen Sinn habe, wenn man ihm nicht zugleich ein Befriedigungsrecht gewähren wolle, nicht zu. So kann der Nachmann ja schon einen großen Vorteil davon haben, gerade zu einer bestimmten Zeit — vielleicht besonders günstiger Konjunktur! — den Verkauf betreiben zu können. Er sieht sodann nach Durchführung des Pfandverkaufs, wieviel Erlös aus dem Pfande erzielt worden ist; er kann also berechnen, ob für ihn etwas bleibt und danach sein weiteres Verhalten gegen den Schuldner einrichten. So erwächst dem Nachmann aus dem Verkaufsrecht als solchem schon mannigfacher Vorteil. Zudem trifft Biermanns Vorbringen nicht jeden Fall. Für den Fall eines nichterstrangigen Nießbrauchs wird nämlich auch Biermann zugeben müssen, daß ein nachstehender betreibender Pfandgläubiger kein Befriedigungsrecht am Erlöse haben kann.[1] Der betreibende Pfandgläubiger erlangt hier nur ein Pfandrecht an der gegen den Nießbraucher entstehenden Forderung des ehemaligen Sacheigentümers auf Restitution des Erlöses.[2]

2. Der in einer Forderung bestehende Erlös.

Durch die im BGB. getroffene Regelung des Pfandverkaufs wird zwar im allgemeinem ein Barerlös erzielt, doch sind trotzdem verschiedene Fälle wirksamer und zum Teil auch rechtmäßiger Pfandveräußerung möglich, in denen eine Barzahlung nicht erfolgt. Im folgenden sei nun untersucht, wie die Rechtsverhältnisse am Erlöse sich dann gestalten.

a) Ein Vormann betreibt die Versteigerung.

§ 4.

1. Für den Fall des § 1238 BGB. herrscht in der Literatur Einigkeit darüber, daß auch hier der § 1247 bezüglich des Erlöses zur Anwendung kommen müsse, daß also insbesondere eine Surrogation des Übererlöses zu erfolgen habe. Dies wird ausgedrückt durch Redewendungen wie: „Hinsichtlich des Übererlöses existiert dann für den Eigentümer eine Forderung gegen den Pfandgläubiger auf Auszahlung“[3]; oder es ist schlechthin

---

[1] Auf diesen etwas sehr entfernt liegenden Fall muß allerdings schon zugekommen werden; insbesondere verhindert ja ein allen übrigen Belastungen vorgehender Nießbrauch — wegen der Vorschrift des § 1242 Abs. 2 Satz 2 — nicht die Befriedigung der Nachmänner aus dem Erlöse.

[2] Nichts mit dem Fall, daß ein nachstehender Pfandgläubiger den Pfandverkauf betreibt, hat der Fall zu tun, daß neben dem betreibenden ein anderer, nichtbetreibender Pfandgläubiger ein Pfandrecht gleichen Ranges hat In diesem Falle gebührt dem betreibenden Pfandgläubiger der Erlös natürlich trotzdem; bei nicht ausreichendem Erlöse jedoch nur zu einem Teile, der zum Rest in demselben Verhältnis steht wie seine Forderung zu der des gleichrangigen Pfaudgläubigers. Eigentümer jenes Restes wird kraft Surrogationsprinzips der ehemalige Sacheigentümer; nach Pfandreife kann sich natürlich der andere Gläubiger aus dem Gelde befriedigen.

[3] So Kober 1338, 4c; fast gleichlautend Biermann 1338, 4a.

von einer „Forderung" die Rede.[1] Woher diese Forderung eigentlich genommen wird, was es also ihrer rechtlichen Natur nach für eine Forderung ist, wird nirgends weiter erörtert. Man baut offenbar auf die Richtigkeit der Motive (Bd. 3, S. 833), wonach der Erlös im Falle des E 1 § 1173 Abs. 1 (d. i. jetzt § 1238 Abs. 1) „in einer Forderung des Eigentümers gegen den Gläubiger besteht", ohne daß auch daselbst etwas Näheres über diese Forderung gesagt ist.

Nun gibt es allerdings nur einen Weg, der zur Konstruktion einer solchen Forderung führt: Man muß von der Fiktion des § 1238 Abs. 2 Satz 1 ausgehen. Danach soll es im Falle einer Verletzung der Vorschrift des § 1238 Abs. 1 so angesehen werden, als habe der Pfandgläubiger den Kaufpreis empfangen. In dem Augenblicke, wo er demgemäß vom Eigentümer belangt wird, hat er jedoch gar nicht das, worauf der Anspruch des Eigentümers sich richtet! Um diese Lücke auszufüllen, muß man es so ansehen, als wäre das geschehen, was in der Regel — wie oben § 2 gezeigt wurde — mit dem Erlöse geschieht: nämlich, daß er mit dem übrigen Vermögen des Gläubigers untrennbar vermengt oder daß er von ihm ausgegeben worden ist. Das Gesetz fingiert notwendigerweise, indem es die Entstehung eines Barerlöses fingiert, auch dessen Untergang. Da über diesen Untergang sich im Gesetz nirgends ein Hinweis findet, so muß der angedeutete reguläre Untergang gemeint sein. Dem Eigentümer steht also eine Klage auf die Bereicherung des Pfandgläubigers — entweder aus § 816 oder aus § 951 BGB. — zu. Dieser Anspruch ist Surrogat des — ja niemals wirklich existent gewesenen! — eigentlichen Surrogats der Pfandsache; wie oben § 2 am Ende ausgeführt wurde, läßt man allgemein, und mit Recht, die an der Pfandsache erloschenen Rechte Dritter nunmehr auf diesen Anspruch übergehen.[2]

Selbstredend kommen diejenigen, die den Pfandgläubiger, der den Originalerlös nicht mehr in den Händen hat, auf Schadens-

[1] So Kretschmar 1238, 2a; „Forderung auf Zahlung des Mehrbetrages" sagt Planck 1238, 2.

[2] Dies wird in der Literatur verschiedentlich für den Fall des § 1338 besonders hervorgehoben, aber stets direkt aus § 1247 gefolgert.

ersatz haften lassen, auch hier zu einer solchen Haftung. So fingiert GÜNTHER (S. 48), daß die Geldstücke wegen Vernachlässigung der Verwahrungspflicht des Pfandgläubigers abhanden gekommen sind. Über die Haltbarkeit einer derart konstruierten Schadensersatzhaftung ist schon oben § 2 genug gesagt worden; es sei deshalb hier nur darauf verwiesen. Hier steht jedoch noch ein anderer, speziell mit der Vorschrift des § 1238 BGB. zusammenhängender, Weg zu einer Schadensersatzhaftung offen. Ihn schreitet WESTHOFF (S. 64), der jene Haftung auf die „Nichtausübung seines (= des Pfandgläubigers) Rücktrittsrechts“ zurückführt.[1] Doch ist in der Literatur nicht unbestritten, ob die Verletzung des § 1238 überhaupt eine Schadensersatzpflicht zur Folge habe. KOBER (1238, 2a) nimmt dies anscheinend als selbstverständlich an unter Hinweis auf § 1243 Abs. 2 BGB., andere[2] folgern gerade aus dieser Vorschrift das Gegenteil: sie meinen, durch die Zahlungsfiktion sei der Eigentümer genügend geschützt; ihm überdies noch einen Schadensersatzanspruch zu geben sei überflüssig.

Der Sinn der Zahlungsfiktion ist aber sicherlich nur der, daß innerhalb ihres Umfanges der Eigentümer der Beweisschwierigkeit bezüglich seines Schadens enthoben sein soll. Hat er also in einem konkreten Falle nachzuweisendermaßen einen höheren Schaden erlitten, so ist nicht einzusehen, warum er ihn nicht geltend machen dürfte. — Im übrigen ist auch dieser Schadensersatzanspruch als ferneres Surrogat der Pfandsache aufzufassen, soweit Drittberechtigte vorhanden sind.

Wenn man so die rechtliche Natur des dem Eigentümer zustehenden Anspruchs ergründet hat, findet man leicht eine befriedigende Antwort auf die Frage, ob der Pfandgläubiger einwenden dürfe, daß bei Barzahlung nur ein geringerer Erlös erzielt worden wäre. Man pflegt diese Frage zu verneinen, ohne indessen dafür besondere Gründe anzugeben.[3] Der Grund der Ver-

---

[1] Statt von einem Rücktrittsrechte sollte übrigens WESTHOFF lieber von einer Rücktrittspflicht reden; denn die Nichtausübung eines Rechts allein kann nie zum Schadensersatz verpflichten. § 1238 Abs. 2 Satz 2 stellt in der Tat stillschweigend für den Gläubiger dem Eigentümer gegenüber eine Pflicht auf.

[2] So PLANCK 1238, 2, WOLFF (Sachenrecht) S. 601.

[3] So KRETSCHMAR 1238, 2a, PLANCK 1238, 2.

neinung liegt darin, daß das Gesetz mit dem Erlösempfang eine Bereicherung in gleicher Höhe notwendigerweise fingiert; auf die Bereicherung haftet aber nach vorstehendem der Gläubiger zum mindesten. —

So gilt denn das Prinzip des § 1247 auch im Falle des § 1238 BGB.; die Surrogation findet statt in derselben Gestalt wie dann, wenn im Falle empfangenen Barerlöses dieser nicht mehr unterscheidbar im Vermögen des Pfandgläubigers vorhanden ist. was ja der praktisch am häufigsten vorkommende Fall ist.[1]

Konsequenterweise scheidet alles das, was nach einmal — wenn auch nur fiktiv — eingetretener Surrogation sich ereignet, aus der pfandrechtlichen Betrachtung völlig aus. Bezahlt daher der Ersteher später seine Schuld, so erwerben der frühere Sacheigentümer und die ehedem an der Sache dinglich Berechtigten am Kaufpreis keinerlei Rechte. Dieser ist überhaupt nicht „Erlös" im Sinne des § 1247, wie auch aus den Motiven[2] klar hervorgeht. Auch vor erfolgter Zahlung steht die Kaufpreisforderung allein dem Veräußerer zu.

2. Die Ordnungsvorschrift des § 1238 kann gemäß §§ 1245, 1246 BGB. abgeändert sein. Dann ist trotz der äußerlich gleichen

---

[1] Ganz unbegründeterweise wollen einige, insbesondere Emmerich S. 366ff., den Zeitpunkt der Surrogation durch § 1238 BGB. in besonderer Weise geregelt wissen. Dazu bietet der Wortlaut des § 1238 BGB. keinen Anlaß; denn dort sollen ja nur die Voraussetzungen, nicht der Zeitpunkt des Erlösempfangs festgelegt werden. Aber auch wenn, was allein Emmerich beweisen zu müssen glaubt, § 1238 den Zeitpunkt des Erlösempfangs regelt, so ist damit noch nicht notwendig der Zeitpunkt der Surrogation geregelt. Eine solche Regelung findet sich überhaupt nicht im Gesetz, sondern nur in dem selbstverständlichen Erfahrungssatz, daß ein Gegenstand erst dann „an die Stelle" eines anderen treten kann, wenn jener andere die fragliche Stelle nicht mehr selbst inne hat. Folglich kann auch im Falle des § 1238 eine Surrogation erst dann eintreten, wenn Eigentum und Drittrechte an der Sache erloschen sind, also im Augenblicke der Veräußerung. Angesichts dieser unleugbaren Wahrheit konstruiert Emmerich ganz willkürlich einen interimistischen Übergang des Eigentums an der Pfandsache auf den Pfandgläubiger.

[2] M. Bd. 3 S. 833 oben.

Vorgänge wegen der fehlenden Zahlungsfiktion[1] die Rechtslage eine andere: „Erlös“ ist und bleibt hier nämlich die Forderung des Pfandgläubigers gegen den Ersteher. Auf diese Forderung wird hier § 1247 unmittelbar angewandt; Ergebnis: Soweit sie dem Pfandgläubiger zu seiner Befriedigung gebührt, steht sie ihm zu, soweit nicht steht sie dem Eigentümer, belastet mit den eventuellen Drittrechten zu.[2]

3. Ganz entsprechend der unter Ziffer 1 geschilderten Regelung ist die Rechtslage, wenn gemäß § 1239 Abs. 1 Satz 2 der Kaufpreis von dem den Zuschlag erhaltenden Gläubiger als empfangen anzusehen ist. Doch ist darauf zu achten, daß unter „Pfandgläubiger“ nur der betreibende Pfandgläubiger zu verstehen ist; in bezug auf einen anderen hätte es ja keinen Sinn, den Erlösempfang zu fingieren. — Erwirbt ein nachstehender Pfandgläubiger die Pfandsache, so ist er nach der herrschenden Meinung[3] wie jeder andere Bieter zu behandeln. Daraus ist konsequenterweise zu folgern, daß er den Kaufpreis voll zu erlegen hat, andererseits aber gemäß § 1247 sofort ein Pfandrecht an der Forderung erwirbt, die in der Regel, wie in § 2 der Abhandlung gezeigt, dem ehemaligen Eigentümer gegen den betreibenden Gläubiger zusteht. Der Ersteher kann also nun, dafern er nach § 1228 Abs. 2 befriedigungsberechtigt ist, gemäß § 1282 Abs. 2 jene Forderung in Höhe seiner eigenen Pfandforderung vom betreibenden Gläubiger einziehen!

[1] Die Zahlungsfiktion ist nämlich nur als Folge der Rechtsverletzung aufzufassen; liegt diese — wegen Einwilligung des Eigentümers oder Festsetzung seitens des Gerichts — nicht vor, so ist für jene kein Raum.

[2] So Planck 1238, 3b. — Abweichende Ansichten bestehen nach beiden Extremen: nach Kober soll die Erlösforderung gänzlich dem Gläubiger zustehen, nach Emmerich gänzlich dem Eigentümer. (Vgl. Kober 1247, 4d, Emmerich S. 362). Letztere Ansicht hätte im Falle des § 1246 BGB. gewiß einige Berechtigung, falls das Gericht den Kreditverkauf auf Antrag des Eigentümers angeordnet hat. Denn es ist hart für den Gläubiger, der nicht zugestimmt hat, nun doch das Risiko der Forderung tragen zu müssen. Doch der Unbilligkeit von Richtersprüchen ist jedermann ausgesetzt; das Gesetz bietet keine Handhabe, deshalb den § 1247 nicht auf den Erlös, wie er auch immer vorliege, anzuwenden.

[3] So Kober 1239, 1a; Biermann 1239, 1; Kretschmar 1239, 1; Planck 1239, 1.

Diese Regelung ist unschön; sie macht den dinglichen Schutz, auf den doch auch der Nachmann Anspruch hat, illusorisch. Was nützt ihm das Pfandrecht an der Forderung des ehemaligen Eigentümers gegen den Vormann, wenn sie nachher nicht realisiert werden kann? —

Es sei daher für den Fall, daß auch die Forderung des Nachmannes den Anforderungen des § 1228 Abs. 2 entspricht, folgendes vorgeschlagen: Dem erstehenden Nachmann sei nachgelassen, den Betrag, den er gemäß § 1282 Abs 1 Satz 2 doch sofort wieder einziehen dürfte, gleich gar nicht erst zu zahlen! — Diese Regelung entspricht sicherlich dem Geiste des BGB., welches ja auch den Nachmännern, nämlich durch § 1247 Abs. 2, eine dingliche Sicherheit gewähren wollte. Warum sollte man, wenn sich in einem speziellen Falle ein wirklich zu dieser dinglichen Sicherheit führender Weg bietet, diesen nicht beschreiten? Man wird es um so unbedenklicher tun dürfen, als de lege lata die ZPO. für den Vollstreckungserlös in § 817 ganz Entsprechendes anordnet, wie unter § 15 d. A. (2) des näheren gezeigt werden soll.

b) Ein Nachmann betreibt die Versteigerung.

§ 5.

1. Betreibt ein nachstehender Gläubiger den Pfandverkauf unter Verletzung einer Vorschrift des § 1238, so entsteht eine Forderung des Eigentümers gegen ihn, die dieselbe Rechtsnatur aufweist, wie die Forderung des Eigentümers gegen den betreibenden Vormann, wenn dieser dem § 1238 BGB. zuwider handelte. Doch ist ihre Höhe gleich der des ganzen Kaufpreises. Wie oben dargelegt, gebührt nämlich dem Nachmann vor Befriedigung der Vormänner der Erlös gar nicht, vielmehr tritt Surrogation in vollem Umfange ein.

Erst nach Wegfall der vorgehenden Rechte — also nachdem sich die Vormänner an den betreibenden Nachmann gehalten haben — kommt dieser selbst zu einer Befriedigung. Ihren theoretischen Weg weist § 1282 Abs. 1 BGB.; der Nachmann ist zugleich Gläubiger und Schuldner im Sinne dieser Vorschrift;

Gläubiger natürlich nur in Höhe seiner Pfandforderung. Im übrigen hat der ehemalige Sacheigentümer eine Forderung gegen ihn.

2. War der Kreditverkauf nach §§ 1245, 1246 ordnungsgemäß, so tritt gleichfalls Surrogation in vollem Umfange ein. Das Surrogat ist hier die Forderung gegen den Ersteher; der Eigentümer trägt hier also in vollem Umfange die Gefahr der Insolvenz des Erstehers.[1]

3. Der Fall, daß ein betreibender Nachmann den Zuschlag erhält, ist natürlich wieder ganz so geregelt, wie der Fall der Verletzung des § 1238. Es surrogiert also die Forderung gegen den Veräußerer.

Zu trennen ist von diesem Fall wiederum der Fall, daß ein Nachmann zwar den Pfandverkauf betreibt, ein Vormann aber den Zuschlag erhält. Auch dieser muß, wenn man sich nur an den Buchstaben des Gesetzes hält, den ganzen Kaufpreis bezahlen, was hier allerdings geradezu grotesk wirkt. Ein Pfandgläubiger vorgehenden Ranges soll selbst eine dem Surrogat für sein ehemaliges Pfandobjekt entsprechende Summe in die Hände jemandes geben, der ein schlechteres Befriedigungsrecht an ebendemselben Pfandobjekt hatte! Mit einem Schlage ist also die Situation umgekehrt: in Wirklichkeit hat jetzt der Nachmann die „bessere" Befriedigungsmöglichkeit; wenn er mit dem Gelde verschwindet, so hat der Vormann trotz seines Vorranges das Nachsehen und nur einen vielleicht faktisch wertlosen obligatorischen Anspruch. Deshalb muß man, wie schon oben § 4 d. A. empfohlen, den Ersteher in Höhe seiner eigenen Forderung von der Barzahlungspflicht befreien.

---

[1] Abweichende Meinungen — entsprechend den in § 4 erwähnten — finden sich hierzu nirgends, vielmehr sind die hier besprochenen Fälle in der Literatur bisher unerwähnt.

III. Der Versteigerungserlös bei nichtrechtmäßiger Veräußerung.

1. Gültige[1] Veräußerung.

§ 6.

Auch beim nichtrechtmäßigen Pfandverkauf, sofern er nur überhaupt gültig, also überhaupt ein Pfandverkauf im wirklichen Sinne des Wortes ist, greift die Regelung des § 1247 Platz. Die bisherigen Ergebnisse gelten also auch hier im vollen Umfange.[2] Nur Biermann 1247 Anm. 5 meint, § 1247 wolle überhaupt nur den rechtmäßigen Pfandverkauf regeln. Doch begründet er diese seine Meinung nicht und ist überdies für eine analoge Anwendung des § 1247. —

Über die Art der Anwendung des § 1247 für den Fall, daß ein Vormann den Verkauf betreibt, herrscht allerdings noch gar keine rechte Klarheit.

Es mußte oben gegen zwei — ziemlich vereinzelte — Auslegungen des Wortes „gebühren“ Stellung genommen werden; es handelte sich da um unzulässige Einschränkungen des Begriffs. Jetzt ist noch eine dritte Interpretation desselben zurückzuweisen, die nach wieder einer anderen Seite eine unzulässige Bedeutungsbeschränkung enthält.

Die herrschende Lehre stellt sich nämlich gewissermaßen, sobald vom Pfandverkauf die Rede ist, nicht auf einen juristischen,

---

[1] Als „gültig“ pflegt man die nichtrechtmäßige Veräußerung zu bezeichnen, wenn der Ersteher gemäß § 1244 BGB. Eigentum an der Pfandsache erwirbt, also wenn

1. er gutgläubig bezüglich der Rechtmäßigkeit des Verkaufs und des Pfandrechts des Veräußerers und

2. der Verkauf nach den Regeln der ZPO. oder öffentlich oder zum Gold- bzw. Silberwerte erfolgte.

[2] Zu Unrecht will Schulz S. 402f., insbesondere 403 Anm. 1039 den Fall des mangelnden Pfandrechts anders als die übrigen Fälle der Nichtrechtmäßigkeit behandelt wissen. Er erblickt darin nämlich nur eine gewöhnliche „Verfügung eines Nichtberechtigten“, während er das Platzgreifen jeglicher pfandrechtlicher Vorschriften leugnet. Doch geht aus § 1244 BGB. klar hervor, daß auch bei Ermangelung eines Pfandrechts für den Erlös pfandrechtliche Normen — also insbesondere § 1247 — gelten sollen, dafern nur die übrigen Erfordernisse vorliegen.

sondern auf eine Art moralischen Standpunkt. Sie[1] sagt sich offenbar: „Wenn der Pfandgläubiger so dolos handelt, ein Pfand auf unrechtmäßige Weise zu veräußern, so ist er nicht wert, daß ihm die Wohltat des in § 1247 Satz 1 ausgesprochenen Traditionsprinzips trifft. Folglich ist nur § 1247 Satz 2 anzuwenden, Surrogation in vollem Umfange hat zu erfolgen. — Es ist zum mindesten nicht ersichtlich, aus welchem anderen Grunde man noch zu dem Ergebnis der herrschenden Lehre gelangen könnte.

Gegen diese Willkürlichkeit wandte sich zuerst ausdrücklich Nebinger S. 43ff. Doch geriet er beim Versuch, die Fälle, wo völlige Surrogation eintreten muß, von denen zu sondern, wo zum Teil das Traditionsprinzip Platz greift ins Schematisieren.[2]

Das erlösende Wort über diesen Punkt sprach Emmerich S. 375, an dessen Ausführungen sich das Folgende voll und ganz anschließt. Der Sinn seiner Ausführungen ist der: „Gebühren" hat gar nichts mit der Rechtmäßigkeit der Veräußerung zu tun; wie vielmehr die Stellung des § 1247 als rein pfandrechtliche Vorschrift zeigt, kommt es mir darauf an, ob dem Gläubiger auf Grund eines Pfandrechts etwas gebührt!

Hält man dies fest, so ist an der Hand der einzelnen Rechtmäßigkeitsvorschriften sehr leicht zu sagen, ob bei einem Verstoße gegen eine von diesen dem Gläubiger der Erlös nicht gebührt; aber, wie gesagt, nicht ein derartiger Verstoß als solcher ist dann stets der Grund des Nichtgebührens, sondern vielmehr die Tatsache, daß der Gläubiger in Wirklichkeit gar nicht eine pfandmäßige Befriedigung erlangte.

Unter diesem Gesichtspunkte seien die Wirkungen von Verstößen gegen die Rechtmäßigkeitsvorschriften der Reihe nach betrachtet.

1. Erfolgt die Pfandveräußerung vor Eintritt der Pfandreife (§ 1228 Abs. 2 BGB.), so tritt völlige Surrogation des Erlöses ein; denn zur fraglichen Zeit gebührt dem Pfandgläubiger auf Grund eines Pfandrechts noch nichts.

---

[1] Vgl. Kober 1247, 1 b α; daselbst ausführliche Literatur.

[2] Er teilt die Unrechtmäßigkeit einfach in „formelle" und „materielle" ein; bei ersterer soll § 1247 S. 1 mit Platz greifen, bei letzterer soll nur Surrogation gelten.

2. Verkauft der Gläubiger mehr Pfänder, als zu seiner Befriedigung erforderlich sind (§ 1230 Abs. 2 BGB.), so tritt insoweit Surrogation des Erlöses ein, da ihm insoweit kein Pfandrecht zusteht. Sobald nämlich der Pfandgläubiger durch den vom Gerichtsvollzieher empfangenen Erlös befriedigt ist, ist ja auch seine Forderung untergegangen, sobald er aber keine Forderung mehr hat, kann ihm auch das — ja akzessorische — Pfandrecht an beweglichen Sachen nicht mehr zustehen.

3. Ist keine öffentliche Bekanntmachung des Ortes und der Zeit der Versteigerung erfolgt (§ 1237 S. 1 BGB.), so wird doch dadurch das pfandmäßige Befriedigungsrecht des Pfandgläubigers nicht ausgeschlossen; im Umfange der Forderung tritt also das Traditionsprinzip ein.

4. Verkauft der Pfandgläubiger formrichtig, aber unter Verletzung der Preisvorschriften (§§ 1235, 1240 BGB.), so gilt gleichfalls das unter 3. Gesagte.

5. Hat endlich der Gläubiger kein Pfandrecht, so tritt Surrogation ein; denn auf Grund eines Pfandrechts gebührt ihm ja nichts.

Das Ergebnis ist zum mindesten dem Gesetz entsprechend. Den Nachteil, den die herrschende Lehre durch Verweigerung des Traditionsprinzips für den unrechtmäßig veräußernden Pfandgläubiger herbeiführen will, will das Gesetz offenbar auf eine andere Art eintreten lassen. Aus § 1243 Abs. 2, wo schon die Verletzung einer Ordnungsvorschrift einen Schadensersatzanspruch begründet, ist arg. a min. zu folgern, daß dies erst recht bei Verletzung einer Rechtmäßigkeitsvorschrift der Fall sein muß. Fehlt es an einem Pfandrecht, so ist bei Verschulden des Veräußerers ebenfalls ein Schadensersatzanspruch — gemäß § 823 BGB. wegen widerrechtlicher Verletzung fremden Eigentums — gegeben.

2. Ungültige Veräußerung.

§ 7.

Ebenso sicher, wie es ist, daß bei einer gültigen Pfandveräußerung, sei sie rechtmäßig oder unrechtmäßig vonstatten gegangen, die Vorschrift des § 1247 eingreift, so sicher ist es auch, daß im Falle einer ungültigen Pfandveräußerung keinerlei Raum für eine Anwendung des § 1247 ist.

Für das Nichteingreifen des § 1247 S. 2 — von einer Anwendungsmöglichkeit des § 1247 S. 1 kann ja ohnehin keine Rede sein — gibt es nur einen Grund, der aber hinreichend überzeugen sollte, nämlich die Erkenntnis, daß nicht etwas an die Stelle von etwas anderem treten kann, solange dieses andere Etwas selbst noch jene Stelle inne hat. Das bedeutet für den konkreten Fall des § 1247 S. 2: Solange der Pfandeigentümer das Eigentum an der Pfandsache noch hat, ist es undenkbar, daß ihm ein Surrogat für dieses Pfandeigentum zuteil werden soll.

Dieser Elementarsatz des Surrogationsprinzips ist nicht unbestritten.[1] Die Argumente derer, welche sich für die angedeutete prinzipwidrige Anwendung des Surrogationsprinzips einsetzen, sind rein rechtspolitisch: der Eigentümer der Pfandsache und die daran dinglich Beteiligten sollen besser — nämlich dinglich — geschützt werden.[2]

Demgegenüber ist erstens einmal zu sagen, daß vor gewissen Schranken, nämlich vor unweigerlich aus dem Geist des Gesetzes fließenden Konsequenzen, der Rechtspolitik Halt zu machen hat. Sonst wird die Rechtssicherheit zur Illusion. Weiter ist zu bemerken, daß zu einem solchen Schutz des Sacheigentümers und

---

[1] Vgl. Kretschmar 1247, 1, Westhoff 68, Enneccerus-Lehmann 358. — Dagegen ist Leonhard 214ff. für Anwendung auch des § 1247 Abs. 1! Er spricht, wie sich S. 216 zeigt (wo gesagt ist, daß der Ersteher nach § 1244 Eigentum an der Pfandsache nicht erwerben soll) von der ungültigen Veräußerung. Wenn er nun trotzdem § 1247 in vollem Umfange anwendet, so geschieht dies mit der Begründung, daß zum „gebühren" des § 1247 eine „Forderung mit Verwertungskraft" genüge; ein Pfandrecht sei nicht nötig. Damit gibt also Leonhard dem Wort „gebühren" einen noch umfassenderen Sinn, als das oben § 6 der Abhandlung augenommen wurde (Gründe gegen eine dermaßen weite Auslegung siehe daselbst). Daß das praktische Ergebnis Leonhards, genau dasselbe ist, wie das hier vertretene, weil seine von hier Gesagtem abweichenden Meinungen einander paralysieren, sei nur nebenbei erwähnt.

[2] So gibt Enneccerus-Lehmann ausdrücklich zu, daß, da sich ja die Rechtslage des Pfandes nicht ändert, „auch keine Grundlage für eine eigentliche Surrogation gegeben sei. Nur um der dinglich Berechtigten willen spricht er sich dann trotzdem für Anwendung des Surrogationsprinzips aus.

der dinglich Berechtigten kein Anlaß vorliegt. Durch die Bestimmungen der §§ 1238, 1239, 1245, 1246, hat, wie oben gezeigt wurde, das Gesetz selbst Fälle geschaffen, in denen von vornherein ein dinglicher Schutz der daran Interessierten ebenfalls nicht gegeben ist, obwohl er auch da wünschenswert wäre. Und wie noch weiter oben gezeigt wurde, ist ja der „dingliche Schutz“ überhaupt wenig wert; das Surrogat besteht letzten Endes doch gewöhnlich in einer Forderung des Eigentümers gegen den Ersteher; wozu also gewaltsam das Surrogationsprinzip heranziehen, um jene Forderung an die Stelle einer ebensolchen zu setzen?!

Übrigens sind die Vertreter der abgewiesenen Meinung sich nicht darüber einig, was nun mit dem Pfandobjekt, das noch immer im ursprünglichen Eigentum steht, und mit seinem doch schon vorhandenen Surrogate weiterhin geschehen soll. — Kretschmar a. a. O. läßt die Wirkungen des § 1247 nur „zunächst“ eintreten; „sie werden nur dadurch wieder rückgängig, daß die Unwirksamkeit des Verkaufs mit Erfolg geltend gemacht wird“. Damit ist aber nur gesagt, daß die eine Willkürlichkeit durch eine andere aus der Welt geschafft werden soll. Westhoff a. a. O. unterscheidet den Fall, daß die Sache Eigentum eines gutgläubigen Dritten geworden ist, von dem, daß der Berechtigte „sonstige Schwierigkeiten der Rückerlangung“ hat. Im ersteren Falle hält er § 1247 für direkt anwendbar, weil die Pfandsache ja nun nicht mehr im Eigentum des ursprünglichen Eigentümers stehe. Doch bedenkt Westhoff wohl nicht, daß dieser gutgläubige Erwerb vielleicht erst nach Jahren eintritt, solange herrscht also Unsicherheit. Jeden Augenblick muß der Veräußerer gewärtig sein, wegen dem plötzlich noch erfolgenden Eintritt der Surrogation, an dem er total unbeteiligt ist, haftbar zu werden. Im zweiten von ihm aufgestellten Falle will Westhoff den § 1247 nur analog anwenden. Die Folge ist die gleiche Unsicherheit der Rechtslage, wie im ersten Falle.

Lehnt man aber jede Möglichkeit einer Surrogation ab, so ist das Ergebnis das denkbar einfachste: Der Veräußerer erwirbt das Eigentum am Kaufpreise durch das Mittel des ihn stellvertretenden Gerichtsvollziehers gemäß § 929 BGB., und der Eigentümer der Pfandsache vindiziert diese. Hindert ihn einer der von Westhoff unterschiedenen Fälle daran, so hat er gegen den Veräußerer in der Regel einen Schadensersatzanspruch[1], sonst jedoch immer noch einen Bereicherungsanspruch.[2]

Zweite Abteilung.

Die dingliche Rechtslage des Erlöses aus der Versteigerung gepfändeter Sachen.

I. Das Prinzip.

§ 8.

Im Bürgerlichen Gesetzbuch werden die Rechtsverhältnisse am Versteigerungserlöse, wie gezeigt wurde, durch die Vorschrift des § 1247 in einer Weise geregelt, die zwar Streitigkeiten über Detailpunkte nicht ausschließt, die aber klar den zwischen reinem Surrogations- und reinem Traditionsprinzip vermittelnden Grundsatz der Erlösregelung erkennen läßt.

Die Zivilprozeßordnung enthält in § 819 1. Halbsatz, welcher lautet:

> „Die Empfangnahme des Erlöses durch den Gerichtsvollzieher gilt als Zahlung von seiten des Schuldners,"

eine Vorschrift, die, rein äußerlich betrachtet, mit dem § 1247 S. 1 eine gewisse Ähnlichkeit hat, durch das Fehlen von dem § 1247 S. 2 entsprechenden Worten ist jedoch der Wille des Gesetzes verdunkelt.

Bei der Auslegung des § 1247 zweifelt niemand, daß S. 1 „dingliche Bedeutung" hat, um diesen allgemein üblichen, seiner Kürze halber ansprechenden Ausdruck zu gebrauchen. Man argumentiert — ausdrücklich oder stillschweigend — so: Daß

---

[1] Wegen Verletzung fremden Eigentums gemäß § 823 Abs. 1 BGB.

[2] Z. B., wenn wegen Willensmangel des Verpfänders kein Pfandrecht entstanden war, ohne daß dies der Gläubiger wußte, während der Ersteher davon Kenntnis hatte.

der S. 2 die dingliche Rechtslage des Erlöses regeln will, sagt dessen Wortlaut unzweifelhaft. Folglich muß auch die an sich entschieden mit weniger Bestimmtheit auf eine dingliche Bedeutung hinweisende Vorschrift des S. 1 dingliche Bedeutung haben; denn die beiden Sätze sind vom Gesetzgeber doch absichtlich zu einem Paragraphen vereint worden, damit sie einen Gegensatz in der Behandlung des Erlöses kennzeichnen sollen. Die Regelung der dinglichen und die der obligatorischen Beziehungen bilden aber keinen solchen Gegensatz; ganz unsinnig wäre aber die Fassung „Soweit . . . Im übrigen . . .“ wenn ein solcher Gegensatz nicht aufgestellt werden sollte.

Eine so klare Beweisführung für die Richtigkeit der einen oder der anderen Ansicht über den Sinn des § 819 ZPO. ist nun allerdings nicht möglich. Die Vorschrift ist nun einmal nicht so deutlich wie § 1247. Ein anderer, weiterer Umstand, der an dem Mangel an Klarheit über die Rechtslage des Erlöses gepfändeter Sachen mit Schuld trägt, ist der, daß diese Rechtslage in der Wissenschaft bisher bei weitem nicht das Interesse hervorgerufen hat, wie der entprechende Fall des bürgerlichen Rechts. Und doch ist es nach Prozeßrecht genau so gut wie nach bürgerlichem Rechte möglich, daß der Veräußerungserlös dem Gläubiger überhaupt nicht oder zum Teil nicht zukommt. Von einem einzigen Unterfalle des Falles, daß dem Gläubiger der Erlös überhaupt nicht gebührt, ist allerdings incidenter — nämlich bei der Behandlung der Bereicherungshaftung des Gläubigers — verhältnismäßig sehr vieles geschrieben worden. Besonders aber von dem Falle, daß dem Gläubiger der Erlös nur zum Teil gebührt, ist in der Literatur wenig die Rede. Und doch wird sich beim Verkauf gepfändeter Sachen ebenso oft eine Hyperocha vorfinden, wie beim Pfandverkauf nach bürgerlichem Rechte. Die Vorschrift des § 818 ZPO., wonach die Versteigerung bei Befriedigung des Gläubigers einzustellen ist, schützt selbstredend nicht dagegen; denn daß bei einer Versteigerung nach dem Zuschlag so und so vieler Sachen die Summe des Forderungsbetrags und des Kostenbetrags gerade so eingeht, daß auch kein Pfennig mehr vereinnahmt wird, wird sich in der Praxis sehr selten ereignen. Wie ist andernfalls die dingliche Rechtslage zu beurteilen? Bedeutende Kommentare und Lehrbücher sagen kein Wort hierüber.[1]

Die Ursache dieses Mangels ist anscheinend eine rein äußerliche. Die Vorschrift des § 819 gleicht nämlich in Wortlaut und Sinn der des § 815 Abs. 3 ZPO., worin von der Geldpfändung die Rede ist. Bei einer Geldpfändung ist natürlich eine Hyperocha nicht denkbar; kein Gerichtsvollzieher wird mehr Geld pfänden, als dem in seiner Hand befindlichen vollstreckbaren Titel nach geschuldet wird. Über § 815 Abs. 3 finden sich überall Auslassungen; bei der Behandlung des Erlöses gepfändeter Sachen findet sich jedoch gewöhnlich einfach ein Verweis auf die analoge Regelung der Geldpfändung; der Autor glaubt, dort sei alles Nötige gesagt.

Betrachtet man nun die Äußerungen über die Rechtslage des Erlöses[2], so nimmt man ein buntes Durcheinander von Meinungen wahr. Der Ansicht, daß nur das Surrogationsprinzip zu gelten habe, steht eine große Gruppe von Meinungen gegenüber, die ein der Rechtslage des bürgerlichrechtlichen Pfanderlöses entsprechendes Mischprinzip annehmen, und diese gelangen wieder auf drei verschiedenen Wegen zu ihrem Ziel.

Ehe noch in die Betrachtung der einzelnen Ansichten eingetreten wird, soll noch darauf hingewiesen werden, daß gegenüber allen denen, welche die dingliche Rechtslage des Erlöses nur anläßlich der Bereicherungshaftung des Gläubigers betrachten, ein gewisses Mißtrauen am Platze ist. Die Frage nach der Bereicherungshaftung des Gläubigers zu bejahen, dahin geht zur Zeit das allgemeine Bestreben. Dieses Endziel ist daher sehr oft die Ursache gewesen, über die präjudizielle Frage der dinglichen

---

[1] Als typische Beispiele seien genannt: Die Kommentare von SEUFFERT 819, 815 Z. 3; PETERSEN 819, 815, wo zu § 819 nur bemerkt wird, daß die Hyperocha „ungesäumt dem Schuldner ausgeliefert werden“ solle; das Lehrbuch von FALKMANN (Bd. II), wo über die Vorschrift des § 815 Abs. 2 die Seiten 713—717 angefüllt sind, über § 819 im folgenden jedoch kein Wort gesagt wird.

[2] die sich, wie gesagt, fast immer nur anläßlich einer Erörterung der Haftung des Gläubigers, für den eine fremde Sache gepfändet wurde, finden!

Rechtslage des Erlöses eine solche Meinung zu fassen, die jenem Endziel günstig ist.[1] Da in vorliegender Arbeit die Untersuchung der dinglichen Rechtslage des Erlöses das Hauptthema darstellt, jene Bereicherungshaftung dagegen nur beiläufig erörtert werden soll, so darf man von der völligen Objektivität des Folgenden in dieser Hinsicht überzeugt sein.

Alle Bearbeiter der Frage sind sich darüber einig, daß die Vorschrift des § 819 ZPO. nicht nur unklar, sondern auch unvollständig ist. Die meisten folgern hieraus eine Unvollständigkeit des Zwangsvollstreckungsrechts überhaupt und sehen sich in anderen Rechtsgebieten nach Ergänzungen jener Vorschrift um.

1. Eine Ansicht[2] ergänzt den § 819 aus den allgemeinen Vorschriften des bürgerlichen Rechts über die Eigentumsübertragung, indem sie sagt: Der § 819 regelt überhaupt nicht die dingliche Rechtslage des Erlöses, sondern nur deren Wirkung, nämlich die obligatorische Rechtslage des Vollstreckungsschuldners. Danach soll der Schuldner durch die Empfangnahme des Erlöses seitens des Gerichtsvollziehers von seiner Verbindlichkeit befreit werden. Doch könne sinngemäß eine solche Befreiung nur angenommen werden „mit dem wie bei jedem solvendi causa vorgenommenen Vorgange selbstverständlichen Vorbehalte, daß der Gläubiger dadurch auch erhält, was er zu erhalten hat — das Eigentum an dem geschuldeten

---

[1] Dies findet schon Smoira S. 59, wo er den „methodischen Fehler", der allgemein in der Literatur begangen wird, vermeiden will, „daß man gleich die Voraussetzungen eines etwaigen Bereicherungsanspruchs des Dritteigentümers gegen den Gläubiger prüft, statt zuerst die dingliche Rechtslage genauer zu untersuchen". S. 74 hat er dies jedoch anscheinend vergessen; er erklärt da „die Erwägung für maßgebend, daß bei einer praktisch so bedeutungsvollen Frage wie der unserigen das Ergebnis wichtiger ist als die juristische Konstruktion. Schon daraus rechtfertigt sich die Prüfung der Frage, ob man .... bei Annahme eines Eigentumserwerbs (des Veräußerers) am Erlöse zum mindesten zur Haftung des Gläubigers auf ungerechtfertigte Bereicherung kommt".

[2] Es ist nicht richtig, wenn sie Smoira S. 54 als herrschende bezeichnet; er identifiziert sie offenbar mit der unter 3 der Abhandlung wiedergegebenen, obwohl ein großer Unterschied zwischen beiden besteht.

Quantum".[1] Letzteres soll, wie schon gesagt, nach allgemeinen Regeln vor sich gehen.

Der Fehler von ÖRTMANNS Ansicht liegt in seiner Auffassung des Wortes „Zahlung". Doch steht er damit nicht allein, auch die Vertreter der unter 2 und 3 zitierten Meinungen fassen das Wort „Zahlung" als gleichbedeutend mit „Befreiung" auf. Das trifft aber nicht zu! „Befreiung ist nicht dasselbe wie „Zahlung", sondern nur eine Wirkung derselben — überdies nur eine eventuelle; denn es gibt doch nicht nur Zahlungen solvendi causa, sondern auch obligandi causa! Nun ist allerdings sicher, daß in § 819 ZPO. nur von einer Zahlung solvendi causa die Rede sein kann.[2] Diese Zahlung wird aber voll und ganz fingiert; d. h. in — logisch — erster Linie wird der dinglich wirkende Rechtsübertragungsakt fingiert. Deshalb, weil dessen den Juristen am meisten interessierende Wirkung allerdings die Befreiung darstellt, kann man doch nicht diese beiden Begriffe identifizieren! Aber nur ganz vereinzelt — und ohne jede polemische Tendenz — findet sich eine richtige Auffassung des Wortes Zahlung. So zitiert FALKMANN S. 713 die Definition, die das ALR. (I, 16, § 28) von dem Worte „Zahlung" gibt, nämlich „Hingabe von Geld, oder geldgleichen Inhaberpapieren"[3] und bemerkt weiter, daß ein solcher Akt begrifflich voraussetze, daß der Schuldner das Eigentum an den Geldstücken verliere. „Wer Geld zwar hingibt, aber das Eigentum daran noch behält", so heißt es dort weiter, „zahlt nicht", und S. 714 wird auch ganz richtig zwischen „Zahlung" und „ihrer befreienden Wirkung" unterschieden.

---

[1] Dies die Worte ÖRTMANNS S. 44, des Hauptvertreters dieser Ansicht, der auch RG. 56, S. 86 folgt.

[2] EMMERICH hat vollkommen recht, wenn er S. 384 sagt, daß eine Zahlung im Sinne des § 819 ZPO. nur soweit vorliegen kann, als eine Schuld vorlag; der Einwand SMOIRAS S. 54, daß man von Zahlung hier ebenso wie von „Leistung einer Nichtschuld" sprechen könne, ist hinfällig.

[3] Man übersehe übrigens nicht, daß der Begriff Zahlung nicht etwa ein rein juristischer ist; er gehört vielmehr dem täglichen Leben an und hat auch da die hier vertretene Bedeutung. Zum Beweise schlage man ein Konversationslexikon auf; Brockhaus definiert z. B. Zahlung als „die Hingabe von Geld in bestimmter Summe . . . . zu Eigentum".

Ganz unklar ist Örtmann S. 42ff., wo er erörtert, ob die Zahlung „absolut" (gegen alle) oder nur „relativ" (nur im Verhältnis zwischen Gläubiger und Schuldner) wirke und das letztere feststellt. Dann gleich zwei Seiten weiter bestreitet er, daß § 819 ZPO. für das Verhältnis des Gläubigers zu anderen Personen gleichgültig wäre. Er sagt daselbst: „Jede Zahlung wirkt insofern auch für oder gegen Dritte, als deren Beziehungen zum Gläubiger durch das Vorhandensein eines Forderungsrechts des Gläubigers gegen den Schuldner rechtlich beeinflußt werden. Das ist in verschiedensten Richtungen der Fall; man denke an Gesamtschuldner, Bürgen, Eigentümer des für die Schuld eines Dritten haftenden Pfandes usw." Schließlich kommt Örtmann so zu dem Ergebnis, daß der Gläubiger auch in seinem Verhältnis zum Eigentümer der gepfändeten Sache sich auf den durch das Freiwerden des Schuldners erlittenen Vermögensverlust berufen könne. — Damit steht aber Örtmann auf demselben Standpunkte, den er als „absolute Bedeutung des § 819" ablehnt!

Völlig unverträglich mit der Leugnung des dinglichen Charakters des § 819 ZPO. ist es aber, wenn Örtmann selbst diese Vorschrift als „lex specialis" dem § 1247 — anläßlich der Bekämpfung derer, die diese Vorschrift für das Recht der Zivilprozeßordnung anwenden wollen — gegenüberstellt. Denn eine nur obligatorische Rechtsverhältnisse regelnde Vorschrift kann doch nicht als lex specialis einer auch von Örtmann als dinglich anzuerkennenden Vorschrift figurieren. Das einzig Mögliche von Örtmanns Standpunkte aus wäre, den § 929 BGB. als lex specialis zu § 1247 hinzustellen. Unklar bliebe der Gedanke aber auf jeden Fall; denn gerade Örtmanm sollte es doch fern liegen, den § 1247 als eine lex generalis des Vollstreckungsrechts aufzufassen. Sind doch das bürgerliche und das Vollstreckungsrecht zwei voneinander völlig unabhängige Rechtsdisziplinen, die nicht in einem derartigen Unterordnungsverhältnisse stehen. — Es sei noch darauf hingewiesen, daß Örtmann durch stillschweigende Anwendung des § 929 BGB. beim Eigentumserwerb des Gläubigers am Erlöse zugleich die Frage, ob der Gerichtsvollzieher bei der Zwangsvollstreckung als Vertreter des Gläubigers fungiert, bejaht; denn nur als Stellvertreter des Gläubigers kann der Gerichtsvollzieher das Eigentum für ihn erwerben. In Anbetracht der Bestrittenheit dieses Punktes sollte ÖRTMANN es vermeiden, gerade bei Behandlung des § 819 ZPO. eine solche Vertretungsmacht des Gerichtsvollziehers — die doch gerade aus § 819 bzw. § 815 Abs. 3 ZPO. (vgl. SCHMIDT, S. 916) gefolgert wird — ohne Begründung vorauszusetzen.

2. Eine andere Ansicht sucht und findet die Ergänzung des § 819 ZPO. in der Vorschrift, die die dingliche Rechtslage des Vertragspfanderlöses regelt: § 1247. Ihr Begründer ist MARTIN WOLFF[1] und er hat viele Anhänger gefunden.[2] Die Abwehr dieser Meinung kann vor allem einmal schon mit dem negativen Einwand geschehen, daß ihre Vertreter nirgends einen Beweis für deren Richtigkeit erbringen. Einen solchen muß man aber verlangen, wenn plötzlich behauptet wird, daß für ein Rechtsgebiet die Vorschriften eines ganz anderen Rechtsgebiets gelten sollen. Auch SMOIRA bleibt einen Beweis schuldig, wie im folgenden an der Hand seiner eigenen Ausführungen kurz gezeigt werden soll.

Er bekämpft (S. 62) zuerst eine Meinung, die FRÖHLICH (S. 45) vertritt, daß § 1247 als Vorschrift aus dem Vertragspfandrecht für das Vollstreckungsrecht unanwendbar sei. FRÖHLICH ist natürlich leicht zu widerlegen, da er sich hauptsächlich auf § 804 ZPO. stützt, um darzutun, daß das Pfändungsrecht in seinen rechtlichen Wirkungen nicht in jeder Beziehung dem Vertragspfandrecht gleichsteht. Die Entstehungsgeschichte[3] widerlegt FRÖHLICHS Ausführungen ganz glatt, doch ist damit noch nicht die Notwendigkeit der Anwendung gerade des § 1247 fürs Recht der ZPO. bewiesen. Auch die Notwendigkeit der Anwendung des § 1244 fürs Vollstreckungsrecht beweist das nicht, wie SMOIRA S. 64 meint; eine Vorschrift, die wie § 1244 BGB. die Voraussetzungen der Gültigkeit der Veräußerung — also die Rechtslage des Pfandes — regelt, fehlt ganz unbestrittenermaßen in der ZPO., weshalb auch

---

[1] Vgl. Festgabe für HÜBLER S. 75ff.

[2] Von Kommentaren sei SEUFFERT S. 771 3c, 805 2b, von Jahrbüchern FALKMANN S. 460 erwähnt; von den Dissertanten ist WOLFF in SMOIRA ein sehr ausführlicher Interpret entstanden.

[3] Vgl. die Motive (S. 424 bei HAHN 1, S. 450); die Ausführungen STRUCKMANNS bei HAHN 1, S. 827.

in vorliegender Abhandlung weiter unten vorerwähnter Notwendigkeit Rechnung getragen wird. Daß aber genügend Anhaltspunkte für die Regelung der Rechtsverhältnisse am Erlöse vorhanden sind, daß insbesondere nicht das Eigentum in der Hyperocha „in der Luft schwebt", wie SMOIRA S. 64 Anm. 2 denen vorwirft, die ohne eine Heranziehung von Vorschriften des BGB. auskommen wollen, soll unter Ziffer 4 dieses Unterabschnittes gezeigt werden.

Auch die bereits oben vorgenommene Widerlegung der Ansicht ÖRTMANNS (ÖRTMANN 816 1b am Ende), daß § 819 ZPO. eine lex specialis zu 1247 sei, beweist nicht die Notwendigkeit der Anwendung des § 1247. Die dabei von SMOIRA S. 67 zur Unterstützung seiner Ausführungen aufgestellte Behauptung, das durch die Pfändung regelmäßig erzeugte Pfandrecht „Grundlage der gesamten Zwangsvollstreckung in bewegliche Sachen bildet", wird durch die jüngsten seitens STEINS[1] über dieses Thema angestellten Erörterungen nachdrücklich widerlegt. Deren Hauptergebnis (S. 56) lautet nämlich: „Alle der Pfändung nachfolgenden Akte beruhen nicht auf dem Pfandrecht, sondern auf der Pfändung." Damit soll gesagt sein, daß allein der publizistische Ak tder Pfändung für den ferneren Verlauf der Zwangsvollstreckung wesentlich ist; ob dagegen dem Gläubiger ein privatrechtlich wirksames Pfandrecht zur Seite steht, darauf kommt es nicht an. Wenn daher auch unbestreitbar ist, daß das Pfändungspfandrecht und das Vertragspfandrecht in ihren Wirkungen gleich zu behandeln sind, so trifft dies doch für die Vollstreckungsverstrickung und das Vertragspfandrecht in Anbetracht der zahlreichen Fälle gültiger, ja rechtmäßiger Verstrickung[2], in denen doch kein Pfandrecht besteht, nicht zu.

Das aber, was WOLFF und seine Anhänger an die Stelle von ÖRTMANNS Lehre setzen wollen, fordert auch positiven Widerspruch heraus. Es sollen nämlich danach die Voraussetzungen und die Art des Eigentumserwerbs am Erlöse sich nach § 1247 BGB. bestimmen und in § 819 ZPO. einzig und allein

---

[1] Vgl. insbes. S. 24 ff.; Näheres darüber folgt noch an verschiedenen Stellen der Abhandlung.

[2] Vgl. unten § 10 d. A.

eine Angabe über den Zeitpunkt der Zahlungswirkung vorhanden sein.

Schon ÖRTMANN S. 43 hat sich gegen diese — auch unter Nichtanhängern des § 1247 verbreitete — Ansicht[1] gewendet und sie treffend „eine ganz willkürliche Einschränkung der Gesetzesvorschrift" genannt. Es ist ÖRTMANN beizupflichten, wenn er weiter sagt: „Ungeschickter hätte sich der Satz, den man darin (= in §§ 815, 3; 819 ZPO.) allein ausgesprochen wähnt, kaum formulieren lassen. Vollends die beschränkenden Nachsätze: „sofern nicht ... die Hinterlegung zu erfolgen hat", bzw. „sofern nicht dem Schuldner nachgelassen ist ... die Vollstreckung abzuwenden", sind nach den Gegnern unverständlich. Diese Einschränkungen haben einen guten Sinn, um die übrigens, im Hauptsatze, angeordneten Wirkungen für die einschlägigen Fälle auszuschließen, wären aber sinnlos, wenn der dadurch modifizierte Hauptsatz nur über den Zeitpunkt der, in ihrem Wesen anders woher zu entnehmenden, Wirkung bestimmt hätte".

Daß WOLFF und Anhänger ihre Stellungnahme zur Frage: „Ist der Gerichtsvollzieher Stellvertreter des Gläubigers?" im entgegengesetzten Sinne wie ÖRTMANN präjudizieren, sei nur beiläufig erwähnt. Denn nur wenn die ZPO. auf dem Standpunkt stünde, daß der Gerichtsvollzieher keine Vertretungsmacht habe, hätte eine Vorschrift lediglich über den Zeitpunkt der Zahlungswirkung Sinn; andernfalls wäre sie völlig überflüssig; denn in § 1247 ist ja im übrigen alles Nötige gesagt.

3. Im Gegensatz zu den unter 1 und 2 dargetanen Ansichten wollen WEISMANN und besonders STEIN nur das Surrogationsprinzip hinsichtlich des Erlöses Platz greifen lassen.

WEISMANN (S. 138 Nr. 7, vgl. auch S. 134 Nr. 1) geht einfach von der Prämisse aus, daß der Gerichtsvollzieher kein Vertreter des Gläubigers sei. Wider die Gegenlehre bringt er (S. 138, Anm. 11) nur das Argument, daß ein sofortiger Eigentumserwerb des Gläubigers am Erlöse nicht wohl möglich sei, wenn der Ersteher mit einem Hundertmarkschein zahlt und der Gläubiger etwa nur 60 Mark zu fordern hat. Wie dergleichen Schwierig-

[1] Zitate bei SMOIRA S. 68, Anm. 4.

keiten zu überwinden sind, ist eben §§ 2, 3 der Abhandlung genügend erörtert worden; die gleichen Wege stehen auch hier offen.[1]

Was STEINS ausführliche Erörterungen anlangt, so soll hier vorläufig an der Hand derselben gezeigt werden, daß seine und WEISMANNS Auffassung in sich selbst Widersprüche birgt. — Die Rechtslage des Erlöses schildert STEIN S. 79 mit den Worten: „Der Erlös in der Hand des Gerichtsvollziehers ist sonach jetzt Gegenstand der Verstrickung, im amtlichen Gewahrsam des Vollstreckungsorgans, Eigentum des Sacheigentümers und mit allen Rechten belastet, die an der Sache bestanden haben, dem Pfandrecht des Gläubigers. wenn er eins hatte, dem Vermieterpfandrecht des § 805 ZPO. und was sonst.“ STEIN geht also von dem wohl auch von ihm als den regulären Fall angesehenen Fall aus, daß der Gläubiger durch die Pfändnng ein Pfandrecht an der Sache erworben hatte; kraft Surrogationsprinzip soll dasselbe sich nun in ein Pfandrecht am Erlöse umsetzen. — Andererseits ist in § 819 die Fiktion der Zahlung ausgesprochen; deren Wirkung, die Befreiung des Schuldners, wird auch von STEIN immer wieder betont.[2] Daß die Zahlung etwa nur in einer irgendwie eingeschränkten Weise wirken solle, behauptet auch STEIN nirgends, es liegt in der Tat kein Anhaltspunkt vor, warum man die Zahlungswirkung nicht im vollen Umfange anerkennen müsse. Auch die „relative Bedeutung des § 819 ZPO.“, die ÖRTMANN S. 43 konstatiert, soll die Zahlungswirkung ja nur im Verhältnis zu Dritten nicht wirken lassen; auch ihm nach erfolgt im Verhältnisse des Schuldners zum Gläubiger die Befreiung des ersteren in jeder Hinsicht. Ist aber einmal der Schuldner von jeder Schuld befreit, so steht natürlich auf der anderen Seite dem Gläubiger eine Forderung nicht mehr zu. — Nun ist nach überwiegender Ansicht das Pfandrecht ein akzessorisches Recht.[3] Besonders

---

[1] In diesem Sinne auch FALKMANN S. 714.

[2] Z. B. S. 82, wo er von der „Lösung des schuldrechtllchen Bandes“ durch die Zahlung spricht.

[3] Die Abhandlung PAGENSTECHERS in GRUCHOT 50, S. 274 ff. „Ist das Pfandrecht ein akzessorisches Recht“, in welcher er das Gegenteil nachweisen will, hat fast keine Anhänger gefunden.

STEIN selbst setzt sich dafür ein; so sagt er S. 31f. „... unbedingt maßgebend ist aber das BGB. für das begriffliche Wesen des Pfandrechts und nach §§ 1204, 1250, 1252 ist das Pfandrecht an Gegenständen des beweglichen Vermögens ein akzessorisches Recht. Es dient der Sicherung für eine Forderung, es geht mit der Forderung über und geht mit der Forderung unter. Das kann beim Pfändungspfandrecht nicht anders sein.“ Kehrt man mit diesem Satze zum Ausgangspunkte vorhergehender Betrachtung zurück, so ergibt sich klar: Im Bereiche der Zahlungsfiktion ist für das Surrogationsprinzip kein Raum; denn der Gläubiger kann in einem Zeitpunkte, wo er seine Forderung bereits nicht mehr hat, nicht noch ein Pfandrecht dafür haben.

Will man STEINs Bild der Hyperocha in seinem eigenen Sinne konsequenter machen, so muß man wohl auf das Pfandrecht des Gläubigers an ihr verzichten. Dies würde STEIN deshalb nahe liegen, weil ja für ihn das Pfandrecht sowieso kein Essentiale gültiger Pfändung ist. Er betont — unter Hervorhebung des rein publizistischen Charakters der Pfändung — mit Recht, daß nur die obrigkeitliche Verstrickung es sei, auf die es ankomme. So könnte STEIN vielleicht sagen, daß eben der ganze Erlös sich nur in dieser Verstrickung befinde, und daß der Gläubiger überhaupt kein privates Recht daran habe. Dann aber stürzt STEINs Hauptargument; denn dann liegt ja in Wahrheit kein Surrogationsprinzip mehr vor! An der Sache hatte der Pfandgläubiger im angenommenen regulären Falle ein Pfandrecht; am Erlös hat er keins! Und die Surrogation — als selbstverständlicher Grundsatz des Vollstreckungsrechts[1] ist das A und O von STEINs Lehre.

4. Wie gleich eingangs hervorgehoben, ist ein mathematischer Beweis dafür, daß die ZPO. die Rechtslage des Erlöses so oder so regle, nicht möglich. Es kommt daher hauptsächlich darauf an, daß die als richtig vertretene Regelung sich mit dem Wortlaut des nun einmal vorhandenen § 819 ZPO. verträgt, und daß im übrigen die juristische Konstruktion des gesamten Erlöses

---

[1] So STEIN S. 79.

haltbar sei. Dies alles trifft zu, wenn man sich bequemt, in § 819 ebenso eine dingliche Vorschrift zu sehen, wie in § 1247 BGB. — Auf diesem Standpunkt steht bisher allein EMMERICH S. 383, 384 und passim, aber anscheinend ohne das Bewußtsein, damit etwas Neues zu sagen[1], obwohl sich — wie gleich gezeigt werden soll — hieraus bedeutsame Konsequenzen ergeben.

Man kommt ohne weiteres zu dieser Lösung, wenn man sich des oben festgestellten Sinnes des Wortes „Zahlung“ = „Eigentumsübertragung“ erinnert. Wenn STEIN S. 81 und Komm. 819 I behauptet, daß § 819 nicht den sofortigen Eigentumserwerb anordnet, so verkennt auch er den wahren Wortsinn.[2] Doch ist ganz ewident: um anzudeuten, daß der Gläubiger im Betrage seiner Forderung Eigentum am Erlöse erwerben könnte, hätte das Gesetz ja auch einen anderen Ausdruck gebrauchen können. Die Wahl des Wortes „Zahlung“ geschah jedoch in Hinblick auf § 754 ZPO.; gerade wie dort kraft des gesetzlichen Umfanges seiner Vertretungsmacht der Gerichtsvollzieher für den Gläubiger Eigentum erwirbt, so soll er es auch im Falle des Erlösempfangs tun können.[3] Lehrreich ist vielleicht ein Vergleich der Worte des

---

[1] Sonst würde er kaum S. 383 Anm. 215 SEUFFERT und FALKMANN, also Anhänger WOLFFS, als „seiner Meinung“ zitieren! Doch werden in der Literatur die Ansichten, die hier in 1, 3 und 4 geschildert werden, fast nie unterschieden; höchstens teilt man noch danach ein, ob § 1247 angewandt wird, oder nicht. Typisch STEIN S. 78.

[2] Dort heißt es: „Es wäre dann (wenn das Eigentum am Erlöse bereits mit Empfangnahme seitens des Gerichtsvollziehers auf den Gläubiger überginge) aber auch die Fiktion . . . ohne jeden Zweck; denn wenn der Gläubiger das Eigentum an dem Gelde des Schuldners in dem auf seine Befriedigung gerichteten Verfahren erhält, ist er befriedigt!“ STEIN verkennt hier nämlich, daß „Zahlung“ nicht denselben Sinn wie „Befriedigung“ hat. Der Befriedigung auf der Seite des Gläubigers entspricht die Befreiung auf seiten des Schuldners. Beide Worte beizeichnen je einen Zustand, der lediglich Folge der Zahlung ist, während „Zahlung“ obengeschilderte Tätigkeit des Schuldners bezeichnet. Eine solche Tätigkeit des Schuldners liegt aber in Wirklichkeit nicht vor; deshalb ist sie sehr wohl fiktionsfähig.

[3] So auch JÄGER 30 Nr. 21; PLANCK S. 745. — Ob man diese Meinung teilt, hat übrigens nichts mit der Auffassung zu tun, die man im allgemeinen über die Rechtsstellung des Gerichtsvollziehers hat. Daher steht auch SCHMIDT S. 915, 916 auf dem hier vertretenen Standpunkt.

§ 819 ZPO. mit der entsprechenden Vorschrift des bürgerlichen Rechts, dem § 1247 S. 1. In diesem wird fingiert, daß die Forderung „berichtigt“ ist. „Berichtigung“ ist ebenfalls ein einen dinglichen Vorgang bezeichnendes Wort — in der Tat ist die dingliche Bedeutung des § 1247 unbestritten —; es stellt aber im Verhältnis zu „Zahlung“ den weiteren Begriff dar. „Berichtigung“ ist nämlich begrifflich jeder den Gläubiger befriedigende Akt, Zahlung dagegen nur die durch eine Tätigkeit des Schuldners hervorgerufene Befriedigung.[1] Die Fiktion des § 1247 gilt in der Tat denn auch nicht dem Worte „Berichtigung“ — denn eine solche liegt faktisch vor, ist also nicht fiktionsfähig — sondern dem Worte „Eigentümer“. — Damit sei der Weg der philologischen Interpretation einstweilen wieder verlassen; er schien, da bisher unbetreten, notwendig, und daß das Gesagte nicht willkürliche Wortklaubereien sind, sondern daß bei Schaffung des Gesetzes tatsächlich solche Erwägungen obwaltet haben, geht deutlich aus den Protokollen der Kommission zur Ausarbeitung des Entwurfs einer Zivilprozeßordnung für die Staaten des Norddeutschen Bundes S. 2026 hervor. Danach einigte sich die Kommission dahin „daß, wie der Schuldner freiwillig an den Gerichtsvollzieher zahlen könne, so auch der Erlös aus der Versteigerung, sobald der Gerichtsvollzieher denselben erhalte, als an diesen in seiner Eigenschaft als Bevollmächtigter des Gläubigers gezahlt gelten solle“. Von dem Gegensatz zwischen der Empfangnahme freiwilliger Leistung und der Wegnahme seitens des Gerichtsvollziehers, der nach Stein S. 82, 83 im Gesetz ausgesprochen werden sollte, war also bei dessen Entstehung nicht die Rede; vielmehr hatte man im Gegenteil die Absicht völlig einheitlicher Behandlung.

Nun kann aber auch im Vollstreckungsrechte eine Zahlung solvendi causa gänzlich oder bis zu einem gewissen Grade begrifflich ausgeschlossen sein. Dies ist selbstredend, aber auch nur

[1] Man frage zur Probe einen einfachen Mann, der gegen seinen Schuldner mit vollem Erfolge vollstreckt hat, ob sein Schuldner gezahlt habe, und er wird sagen: Nein, das hat er nicht; ich habe ihn auspfänden lassen. Fragt man ihn dagegen, ob seine Forderung nun berichtigt sei, so wird er dies anstandlos bejahen.

der Fall, wenn bzw. insoweit eine Forderung nicht besteht. Hatte also der Vollstreckungsgläubiger trotz seines — mit rechtskräftiger Feststellung einer Forderung ja keineswegs notwendig verbundenen — Vollstreckungstitels überhaupt keine solche, so ist für die Zahlungsfiktion des § 819 ZPO. kein Raum. — Ferner ist an den Fall der Hyperocha zu denken. Was insoweit das Schicksal des Erlöses ist, wird jedoch sofort klar, wenn man erkennt, daß das Surrogationsprinzip ein „selbstverständlicher Grundsatz des Vollstreckungsrechts" ist.[1] Dieser Erkenntnis den Weg geebnet zu haben, ist das Verdienst von STEINS „Grundfragen". STEINS Verweis auf das Zwangsversteigerungsgesetz ist überzeugend; dort wird an zwei Stellen das Surrogationsprinzip als etwas völlig Selbstverständliches behandelt. Einmal in § 37 ZVG., dessen Thema die Bestandteile der Terminsbestimmung bilden. Dort wird am Ende ganz beiläufig in einem Nebensatze auf das Surrogationsprinzip verwiesen. Ebenso beiläufig ist dies in § 92 der Fall, wo vom Erlöschen nichtgeldwerter Rechte die Rede ist. Allgemein wird nämlich anerkannt, daß die Regelung bei geldwerten Rechten genau so — d. h. eben nach dem Surrogationsprinzipe — sich bestimmt; das Gesetz hält es aber offenbar nicht für nötig, dies noch extra zu sagen. Es ist also ganz klar: Das Zwangsversteigerungsgesetz ist vom Eingreifen des Surrogationsprinzips völlig überzeugt. Nun ist — darauf weist STEIN nicht einmal hin — gemäß § 879 ZPO. das Zwangsversteigerungsgesetz als Bestandteil der ZPO. anzusehen. Daraus muß man doch mit Notwendigkeit folgern, daß auch im Mibiliarvollstreckungsrecht das Surrogationsprinzip als selbstverständlicher Grundsatz zu gelten hat, stets gegenwärtig, einzugreifen, wo dafür Raum ist.

Kein Raum ist nun aber eben da, wo die ZPO. selbst etwas dem Surrogationsprinzip Widersprechendes festsetzt, und das tut sie, indem sie in § 819 das Traditionsprinzip aufstellt.

Daß im § 819 ZPO. ein dem § 1247 S. 2 entsprechender Hinweis nur deshalb fehlt, weil er aus dem Geiste der ZPO. als selbstverständlich ergänzt werden muß, haben freilich weder

[1] So STEIN S. 79.

Örtmann noch Wolff und dessen Anhänger noch Emmerich gefunden. Bei Wolff ist das besonders verwunderlich; denn daß im Liegenschaftsvollstreckungsrecht das Surrogationsprinzip herrscht, leitet auch er aus § 37 Z. 5 und § 92 ZVG. ab (vgl. S. 77 Anm. 42). Anstatt aber daraus den § 819 ZPO. einfach zu ergänzen, verwendet er seine Erkenntnis zur vermeintlichen Unterstützung seiner Behauptung, daß § 1247 anzuwenden sei. — Emmerich spricht sich S. 446, 447 für das gerade Gegenteil des hier gefundenen Ergebnisses aus, wenn er sagt: „Das Surrogationsprinzip ist ein im Recht der ZPO. dem Traditionsprinzip nachstehendes Prinzip; es wird nur dann stärker wie das Traditionsprinzip, wenn es gemäß den Regeln der ZPO. ausdrücklich festgestellt ist." — Für die Surrogation der Hyperocha hat Emmerich nur die unbefriedigende Begründung, daß eine Zahlung des Schuldners nur insoweit vorliegen könne, als eine Schuld vorhanden ist. Örtmann spricht sich über den Punkt nicht aus; doch kann er bei seinem Standpunkte die selbstverständliche Geltung des Surrogationsprinzips gar nicht anerkennen. Er leugnet ja die dingliche Bedeutung des § 819 ZPO. Tut man dies aber, so müßte ja nach vorstehenden Ergebnissen das Surrogationsprinzip unbeschränkt Platz greifen, also eine Regelung, wie sie gerade von Örtmann bestritten, wohl aber von Stein und Weismann verfochten wird. Wenn die letzteren andererseits die Annahme der dinglichen Bedeutung des § 819 ZPO. ins Reich der Willkür verweisen, so übersehen sie, daß sie noch viel willkürlicher verfahren, wenn sie trotz nur obligatorischer Bedeutung des § 819 ZPO. einen Gefahrübergang bezüglich des Erlöses auf den Gläubiger annehmen.[1] Wo steht davon im Gesetz ein Wort? Mit Recht weist Falkmann S. 714 darauf hin, daß doch nicht durch den vom Gläubiger unverschuldeten Untergang des Erlöses — an dem der Gläubiger nach Weismann und Stein ja nur ein Pfandrecht hat — die Forderung untergehen kann; denn auch für den Regelfall des § 804 ZPO. nimmt niemand an, daß durch Untergang der gepfändeten Sache die Forderung untergehe.

Während also die herrschende Lehre das Surrogationsprinzip

---

[1] So Stein S. 82, Weismann S. 138 Nr. 7, 135 Nr. 2.

ignoriert, wird ihm von STEIN und WEISMANN eine Überspannung[1] zuteil, die hier abgelehnt werden mußte.

STEIN (Komm. 826 I) und WEISMANN (134f.) müssen übrigens noch als Konsequenz ihrer Meinung mit in Kauf nehmen, daß eine „Anschlußpfändung" auch noch nach Veräußerung der gepfändeten Sachen möglich ist. Auch in dieser Beziehung lagen bei der Entstehung der ZPO. gerade gegenteilige Intentionen vor (vgl. Nordd. Prot. S. 2026), und erst recht spricht der Wortlaut des § 826 Abs. 1 ZPO. gegen eine solche Annahme. Wenn die Gesetzgeber an die Möglichkeit einer Anschlußpfändung des Erlöses gedacht hätten, so würden sie dort nicht einfach von einer Pfändung „bereits gepfändeter Sachen" reden.

II. Der Versteigerungserlös bei rechtmäßiger Veräußerung.

1. Die Rechtmäßigkeitsvoraussetzungen im allgemeinen.

§ 9.

Die Rechtmäßigkeits- — ebenso die Gültigkeits- — voraussetzungen der Veräußerung verpfändeter Sachen werden vom BGB. in zweifelsfreier Weise angegeben. Der Prozessualist hat es in dieser Hinsicht schwerer, da die ZPO. keine den §§ 1243, 1244 BGB. entsprechende Vorschriften enthält. Es ist klar, daß man hier wirklich von einer Lücke im Rechte der ZPO. sprechen muß, denn in den §§ 814ff. ZPO., wo von der Versteigerung die Rede ist, schwirren die Ausdrücke „soll", „muß", „darf nicht" usw. wahllos durcheinander, so daß die gesamte Literatur darüber einig ist, daß aus diesen Worten nicht die Schlüsse über den Charakter

---

[1] Dieser ist auch nicht historisch zu begründen; wenn STEIN S. 78 bemerkt, daß von jeher Surrogation des Erlöses in vollem Umfange eingetreten sei, so sei demgegenüber auf das alte preußische Recht verwiesen. Wie FALKMANN S. 713 ausführt, hatte nach AGO. I 24 §§ 66, 90 der Gläubiger gleich in seinem Gesuche die Person, an die gezahlt werden soll, ausdrücklich anzuzeigen und nur eine dementsprechende Zahlung genügt zur Befreiung des Schuldners; dieser zahlte also an den ausdrücklich zur Empfangnahme Bevollmächtigten und übertrug nach § 4 ALR. I 13 dadurch auf den Gläubiger sofort das Eigentum der Geldstücke.

der betreffenden Vorschriften zu ziehen sind, wie dies gewöhnlich zu geschehen hat.

Ein einheitlicher Grundsatz über die Entscheidung der Frage nach der Rechtmäßigkeit bzw. Gültigkeit der Veräußerung hat sich bisher nicht durchzusetzen vermocht. Die einzelnen Kommentare verzichten auf ein solches und entscheiden kasuistisch. Das Bild der verschiedenen Ansichten ist dementsprechend bunt. Eine Blütenlese findet sich bei EMMERICH S. 321 Anm. 61. — Da die Frage zwar für das vorliegende Thema als Vorfrage wichtig ist, andererseits aber nicht zum Thema selbst gehört, soll sie in ihrer Allgemeinheit möglichst kurz erörtert werden; über einzelne besondere Fälle wird dagegen an verschiedenen Stellen noch eingehend gesprochen werden.

Den ersten Versuch, eine allgemeine Norm wenigstens bezüglich der Gültigkeit der Veräußerung aufzustellen, machte wohl HACHENBURG (Vorträge über das Bürgerliche Gesetzbuch, 1900, S. 143). Danach soll der Ersteher bei der Fahrnisvollstreckung das Eigentum an der veräußerten Sache nach denselben Grundsätzen erwerben, wie bei der Liegenschaftsvollstreckung, also ohne daß es auf seine Ansichten über die Wirksamkeit der Verstrickung und das Eigentum des Schuldners an jener Sache ankomme. Doch ist für eine solche Analogie aus § 90 ZVG. eine Begründung nicht zu finden. Wenn übrigens HACHENBURG das Gesagte selbst dann gelten lassen will, wenn eine verpfändete Sache gemäß § 1233 Abs. 2 BGB. nach den Regeln der ZPO. verkauft wird, so widerspricht dem ausdrücklich § 1244 BGB. —

Eine wohlbegründete allgemeine Übersicht findet sich erst bei WOLFF. Die von ihm hier gewiesenen Bahnen erscheinen, um es gleich zu sagen, durchaus akzeptabel. Sie sollen, vor Zurückweisung einiger gegen sie erhobener Angriffe, im folgenden in aller Kürze bezeichnet werden.

WOLFF verweist, wie er auf § 1247 BGB. verweist, wo es sich um das Schicksal des Erlöses handelt, hier auf §§ 1243, 1244 BGB. Doch sei gleich darauf hingewiesen, daß WOLFF nicht einer direkten Anwendung dieser Vorschriften das Wort redet, sondern daß er die Rechtmäßigkeits- bzw. Gültigkeitsvoraussetzungen der Veräußerung nur „aus dem Geiste des BGB. heraus“ finden will.[1] Danach sollen sein

1. Gültigkeitsvoraussetzungen die Beachtung von
   § 814 1. Halbsatz ZPO. (Öffentliche Versteigerung) entsprechend § 1235 i. V. m. § 1244 BGB.;
   § 816 Abs. 4 (Mitbietungsrecht von Pfandgläubigern und Eigentümer) entsprechend § 1239 Abs. 1 Satz 1, der zwar nicht in § 1244 aufgenommen ist, doch sei eine Verletzung desselben einer Verletzung des § 1235 gleichzuachten;
   § 817 Abs. 2 ZPO. (Veräußerung nur gegen Barzahlung, falls nicht der Gläubiger einer Kreditierung zustimmt. Andernfalls bewirke diese Vorschrift dasselbe, was BGB. § 1238 als lex contractus bewirke, nämlich, daß die Veräußerung ungültig sei);
   § 820 Abs. 2 ZPO. (freihändiger Verkauf zum Metallwert) entsprechend § 1240 Abs. 2 i. V. m. § 1244 BGB.;
   § 821 ZPO. (Wertpapiere zum Tageskurse zu verkaufen) entsprechend § 1235 Abs. 2 i. V. m. § 1244 BGB.

2. Rechtmäßigkeitsvoraussetzungen (also Vorschriften, deren Nichtbeachtung durch den guten Glauben des Erstehers geheilt werden) die Beachtung von
   § 816 Abs. 3 ZPO. (Öffentliche Bekanntmachung) entsprechend § 1237 S. 1 i. V. m. §§ 1243, 1244 BGB.;
   § 818 ZPO. (maßvoller Verkauf) entsprechend § 1230 S. 2 i. V. m. §§ 1243, 1244 BGB.;
   § 820 S. 1 ZPO. (Zuschlag nicht unter Metallwert) entsprechend § 1240 Abs. 1 i. V. m. §§ 1243, 1244 BGB.;
   endlich: materiell gültiges Pfandrecht des Gläubigers.

3. Ordnungsvorschriften: alle übrigen Vorschriften der ZPO. über das bei der Versteigerung gebotene Verfahren.

Es ist nur noch von zwei anderen Seiten unternommen worden, über die Bedeutung der Verfahrensvorschriften der ZPO. eine allgemeine Regelung aufzustellen. So unterscheidet erstens einmal Emmerich[2] nur zwischen Rechtmäßigkeitsvoraussetzungen und

---

[1] Wenn er daher (II, 1 seiner Abhandlung) plötzlich von „unmittelbarer“ Anwendung des § 1244 BGB. spricht, so ist das eine Inkonsequenz.

[2] S. 322, ferner S. 397 Anm. 244.

instruktionellen Vorschriften. Von ersteren erkennt er nur zwei an: die Existenz eines Pfändungspfandrechts und das Erfordernis öffentlicher Versteigerung. Durch den guten Glauben des Erstehers nicht ersetzbare Vorschriften leugnet EMMERICH demnach überhaupt. EMMERICHs Begründung besteht lediglich in einem Hinweis auf das Wesen des Vollstreckungsverfahrens. Da auch STEIN[1], der andere von beiden, das Mobiliarvollstreckungsverfahren der ZPO. in jeder Beziehung dem Pfandverkauf nach dem BGB. als ein aliud gegenüberstellt, so soll gleich gegen beide das Folgende gesagt sein.

Es ist nämlich nicht ersichtlich, warum das rechtliche Schicksal der zu veräußernden Sache im Falle der Mobiliarzwangsvollstreckung anders sein soll als im Falle der Pfandversteigerung nach BGB. Hätten die Gesetzgeber dies gewollt, so hätten sie ja doch sicher eine Vorschrift darüber in die ZPO. aufgenommen, wie sie es bezüglich des rechtlichen Schicksals des Erlöses getan haben. Auch wer STEIN darin recht gibt, daß der Gerichtsvollzieher nicht aus dem Pfandrechte des Gläubigers die Macht herleitet, das Eigentum zu übertragen, sondern aus der staatlichen Verfügungsgewalt über die gepfändeten Gegenstände, der kann doch trotzdem finden, daß die Voraussetzungen dafür, daß die staatliche Verfügungsmacht wirksam werden kann, aus § 1244 BGB. zu entnehmen sind. Denn irgendwoher muß man sie doch entnehmen: in der ZPO. sind sie nicht angegeben! Und dadurch, daß der Gerichtsvollzieher das Eigentum auf öffentlich-rechtliche Weise überträgt, wird doch im übrigen an der Sachlage bei der Veräußerung gepfändeter Sachen gegenüber der bei Veräußerung verpfändeter gar nichts geändert; ebensowenig dadurch, daß es sich im BGB. stets um einen Pfandverkauf handelt, beim Verkauf gemäß § 814ff. ZPO. dagegen das Pfandrecht des Gläubigers offensichtlich fehlen kann, was STEIN immer besonders betont. In beiden Fällen haben doch Vorschriften über die Voraussetzungen des Eigentumserwerbs an der Sache seitens des Erstehers dieselben Gründe: eine Grenze zu ziehen, wieweit die Interessen

---

[1] Komm. 815 III wird behauptet, daß nur § 814 1. Halbsatz und § 817 Abs. 2 ZPO. wesentlich seien, doch sei auch ein Verstoß gegen sie durch guten Glauben des Erstehers ersetzbar.

des Sacheigentümers bzw. der an der Sache dinglich Berechtigten auf der einen Seite, wie weit auf der andern Seite das Interesse des Erstehers zu schützen ist. Interesse der Ersteren ist es vor allem, einen möglichst hohen Erlös zu erzielen; der Letztere will andererseits mit einer gewissen Sicherheit darauf rechnen können, das Eigentum an der Sache auch wirklich zu erwerben, weil er ja bei einer Versteigerung naturgemäß nicht derart in der Lage ist, sich durch Vorsicht vorm Nichterwerb des Eigentums zu schützen, wie bei einer gewöhnlichen Übereignung nach §§ 929ff. — Die Verfasser des BGB. haben nun in der Tat sorgfältig das „Für und Wider" erörtert und so für gewisse Rechtslagen festgestellt, daß der Eigentümer und die dinglich Berechtigten stärker geschützt werden sollen, als der Ersteher (§ 1244), für andere Rechtslagen, daß der Ersteher wenigstens bei gutem Glauben und für noch andere Rechtslagen endlich, daß er schlechthin besser geschützt sein soll; warum sollten diese Vorschriften, nach denen auf dem Gebiete des Mobiliarvollstreckungsrechts das gleiche Bedürfnis besteht, nicht auch dort Anwendung finden? Bei der Veräußerung gepfändeter Sachen ist das angedeutete Widerspiel der Interessen der Beteiligten gleichfalls ganz allein für die gesetzgeberische Regelung der Rechtmäßigkeit bzw. Gültigkeit der Veräußerung wesentlich; ob dagegen der Gerichtsvollzieher das Eigentum auf öffentlich-rechtliche oder auf privatrechtliche Weise überträgt, ob die Sache als „Pfand" oder als „Verstrickungsobjekt" versteigert wurde und was sonst noch für Bedenken gegen eine „Rechtsähnlichkeit der Lage"[1] vorgebracht werden können, das ist doch den Beteiligten ganz gleichgültig.[2] Es erscheint daher das Nächstliegende zu sein, auch hier, wie bei jeder anderen wirklichen Lücke der ZPO., wenn eine Ergänzung vorausgesetzt wird, sie aus dem BGB. zu entnehmen.

[1] Diese leugnet Stein u. a. Komm. 814 I.

[2] Statt unzähliger nur ein Beispiel: Vor Ankunft solventer Bieter wird von einem Dritten das Versteigerungslokal verschlossen. Warum soll, wenn es sich um eine Versteigerung verpfändeter Sachen handelt, der Ersteher nicht Eigentümer werden können (§§ 1235, 1244 BGB.), wenn es sich um eine Versteigerung gepfändeter Sachen handelt, dagegen doch (wenigstens nach Stein Komm. 817 IV, wonach § 814 erster Halbsatz ZPO. durch den guten Glauben des Erstehers ersetzbar ist)!

Das hat zum mindesten den Vorteil, daß dadurch vermieden wird, die nötige Ergänzung des Vollstreckungsrechts aus Vorschriften zu suchen, die sich weniger eignen als die im Bürgerlichen Gesetzbuch befindlichen, oder ganz auf derartige Anleihen zu verzichten, dabei aber mit zwingender Notwendigkeit der Willkürlichkeit anheimzufallen. Willkürlich aber ist EMMERICHs Resultat zu nennen und sind die Resultate der gesamten übrigen Literatur zu nennen, und das betrübliche Ergebnis ist, daß der in einem Lehrbuch oder Kommentar Rat suchende Praktiker aus dem Labyrint der Meinungen und Gegenmeinungen keinen Ausweg findet. STEIN a. a. O. versucht es, den Rechtsgedanken des § 366 HGB.[1] zu verwenden. Doch fügt er dann der aus dieser Vorschrift entnommenen Gültigkeitsvoraussetzung des guten Glaubens bezüglich der Verfügungsmacht des Gerichtsvollziehers auf seiten des Erstehers noch einen guten Glauben bezüglich der Ordnungsmäßigkeit des Verfahrens hinzu. Von einer solchen ist in § 366 Abs. 1 HGB. nicht die Rede. STEIN spürt also selbst die Unzulänglichkeit des § 366 und ergänzt ihn deshalb. Und doch kommt es dann zu einer Dissonanz mit dem analogen Fall des bürgerlichen Rechts, wie in Anm. 2 S. 49 gezeigt wurde; ist es da nicht zweckmäßiger, in der von WOLFF gekennzeichneten Weise eine Harmonie auf diesem Gebiete anzustreben? —

2. Die gültige Verstrickung als Rechtmäßigkeitsvoraussetzung im besonderen.

§ 10.

Nachdem also WOLFFs Prinzip der Gültigkeits- bzw. Rechtmäßigkeitsvoraussetzungen gebilligt wurde, ist im folgenden dem Ergebnis, das er bei Anwendung dieses Prinzips zeitigt, in einem Punkte entgegenzutreten. WOLFF (II, 1) wendet nämlich mit einer gewissen Selbstverständlichkeit den § 1244 BGB. für das Voll-

[1] Dieser lautet (Abs. 1): Veräußert oder verpfändet ein Kaufmann im Betriebe seines Handelsgewerbes eine ihm nicht gehörige bewegliche Sache, so finden die Vorschriften des Bürgerlichen Gesetzbuchs zugunsten derjenigen, welche Rechte von einem Nichtberechtigten herleiten, auch dann Anwendung, wenn der gute Glaube des Erwerbers die Befugnis des Veräußerers oder Verpfänders über die Sache für den Eigentümer zu verfügen, betrifft.

streckungsrecht auch in der Hinsicht an, daß ein materiell-gültiges Pfandrecht als Rechtmäßigkeitsvoraussetzung vorliegen müsse, daß der Ersteher also nur dann Eigentum erwerbe, wenn er bezüglich des Pfandrechts des Veräußerers gutgläubig sei.

Die Vorfrage, ob an einer dem Schuldner nicht gehörigen beweglichen Sache ein materiell-wirksames Pfandrecht entstehe, darf als geklärt betrachtet werden. So behandeln die ersten vierundvierzig Seiten der Dissertation SMOIRAS dieses Thema erschöpfend und gelangen zu einer Verneinung der Frage. Es sei nur ein einziges Argument für SMOIRAS Auffassung wiedergegeben, vor dem allein eigentlich schon jeder Zweifel verstummen müßte. Er weist auf § 804 Abs. 1 ZPO. hin, den Hauptstützpunkt seiner Gegner[1], welche im Anschluß daran behaupten, daß die Erzeugung des Pfandrechts eine notwendige Folge jeder Pfändung sein müsse. Nun steht aber die zitierte Norm unter den „allgemeinen Bestimmungen" des Abschnitts „Zwangsvollstreckung in das bewegliche Vermögen", zu welch letzterem bekanntlich auch Forderungen gehören. Darüber ist man sich nun aber allseitig einig, daß durch die Pfändung einer dem Schuldner nicht zustehenden Forderung an dieser im Leben kein Pfandrecht entsteht! Hieraus ist klar ersichtlich, daß der Schluß der Gegner aus § 804 Abs. 1 ungerechtfertigt ist. — Durch die neuesten Ausführungen STEINS[2] sind wohl auch die letzten Zweifel an der Unmöglichkeit der Entstehung eines Pfandrechts an dem Schuldner nicht gehörigen Sachen beseitigt worden. STEINS Angriffe gehen von einer ähnlichen Basis wie die SMOIRAS aus; er weist auf die vielen Fälle hin, in denen trotz wirksamer Sachpfändung ein Pfandrecht doch nicht entsteht. Dies ist der Fall, wenn der Gläubiger keine zu sichernde Forderung hat; wenn die Pfändung nach vorgängiger Pfändungsbenachrichtigung erfolgt — denn hier ist das Pfandrecht bereits vorher entstanden —; wenn der Gläubiger gar nicht eine Forderung, sondern ein dingliches Recht im Wege der Zwangsvollstreckung wegen Geldforderungen verfolgt; wenn hängende Früchte gepfändet werden; auch gewisser-

[1] Diese sind hauptsächlich: DEMELIUS, Pfandrecht S. 31ff.; STAUB, J.W. 88 S. 201ff.; MÜLLER S. 89ff.; FRANCKE, ZZP. 36 S. 308ff.; EMMERICH S. 447ff., 525ff.

[2] S. 29ff., insbesondere S. 44ff.

maßen dann, wenn die Pfändung nach § 15 KO. nur ein den Konkursgläubigern gegenüber unwirksames Pfandrecht erzeugt und endlich, wenn eigene Sachen des Gläubigers gepfändet werden. Mit Recht bezeichnet daher STEIN S. 44 den § 804 ZPO. als eine von zahlreichen Ausnahmen durchlöcherte Regel, die als Argument für die Entstehung eines Pfandrechts an Sachen Dritter keinen Wert haben kann. Und es ist ihm zuzustimmen, wenn er für eine so unselbstverständliche Tatsache als Beleg einen Rechtssatz fordert. Ein solcher existiert aber bekanntlich nicht.

Läßt sich nun also sagen, wie WOLFF es tut, daß im Falle der Pfändung von Sachen Dritter, d. h. verallgemeinert in Fällen, wo kein wirksames Pfandrecht entstanden ist, die Veräußerung unrechtmäßig sei?!

Diese Frage nach der Lektüre von STEINS Betrachtungen darüber[1] stellen, heißt sie verneinen. — Die Pfändung ist ein öffentlich-rechtlicher Akt, der als solche seine eigenen Entstehungsvoraussetzungen hat. Diese finden sich ausschließlich in der ZPO., insbesondere in §§ 808ff. Liegen alle diese Voraussetzungen, soweit sie wesentlich sind[2], vor, so ist bezüglich der gepfändeten Sache der eigentümliche öffentlich-rechtliche Zustand der „Verstrickung“ entstanden, das ist eine durch die Vollstreckungsorgane ausgeübte rechtliche Gebundenheit der Sache zugunsten des Gläubigers. Diese Verstrickung spielt also im Vollstreckungsrecht die Rolle, die im bürgerlichen Recht das aus dem Pfandrecht sich ergebende Verkaufsrecht spielt.[3]

Die eben geschilderten Ansichten werden jetzt auch vom Reichsgericht geteilt. In der in Bd. 79 S. 242ff. abgedruckten Entscheidung wird die Zulässigkeit der Pfändung von dem Gläubiger selbst gehörigen Sachen mit dem ausdrücklichen Hinweis darauf ausgesprochen, daß aus dem Nichtentsteher eines Pfand-

---

[1] Vgl. STEIN S. 37ff.

[2] Es kann hier nicht auf den Charakter der Pfändungserfordernisse eingegangen werden, ebensowenig wie im ersten Teil auf die Entstehungsvoraussetzungen des Pfandrechts eingegangen wurde.

[3] Diese Gegenüberstellung dürfte auch für diejenigen akzeptabel sein, die, wie STEIN S. 5ff., zwar kein Zwangsrecht des Vollstreckungsgläubigers, wohl aber ein „Recht auf Zwang gegenüber dem Schuldner“ annehmen.

rechts sich die Unzulässigkeit der Pfändung nicht ergäbe. In der Begründung heißt es weiter: „Ein Pfändungspfandrecht entsteht auch dann nicht, wenn im Gewahrsam des Schuldners befindliche Sachen gepfändet werden, die im Eigentume eines Dritten stehen. Die Zivilprozeßordnung ist aber soweit davon entfernt, die Pfändung von Dritten gehörigen Sachen wegen Nichtentstehens eines Pfändungspfandrechts für unzulässig zu erklären, daß sie im Gegenteil den Dritten auf den ausschließlichen Weg der Klage verweist und erst auf diese Klage dem Prozeßgerichte die Einstellung oder Aufhebung der erfolgten Vollstreckungsmaßregeln überträgt."

Wolff ist also dahingehend zu korrigieren, daß am Pfandrecht des § 1244 fürs Vollstreckungsrecht nicht das Pfändungspfandrecht, sondern die wirksame Verstrickung gleichgesetzt wird.[1] Es handelt sich also nicht um eine Verwerfung des Wolffschen Prinzips, sondern um eine Korrektur, die schließlich ganz in seinem Sinne liegt, da ja doch Wolff nicht die §§ 1243, 1244 BGB. einfach buchstäblich ins Mobiliarzwangsvollstreckungsrecht übertragen haben will. Ebenso wie er selbst sich unter II, 4b genötigt sah, wegen der anderen Veraussetzungen des Zwangsvollstreckungsrechts die §§ 1243, 1244 sinngemäß zu ergänzen, so muß dies auch hier geschehen.

3. Die Anwendung des Prinzips in besonders gearteten Fällen der rechtmäßigen Vollstreckung.

§ 11.

a) Die zu veräußernde Sache steht nicht im Eigentum des Schuldners.

1. Aus den bisherigen Ausführungen geht hervor: Die Veräußerung ist nicht unrechtmäßig — und erst recht nicht ungültig — wenn der Schuldner nicht Eigentum an der gepfändeten Sache hatte. Der Ersteher erwirbt also das Eigentum an der Sache, auch wenn er wußte, daß der Schuldner nicht ihr Eigentümer war.

[1] Daß es also nicht ganz korrekt ist, im Mobiliarzwangsvollstreckungsrechte von „Pfandverkauf", „Pfandveräußerung" zu reden, ist evident. Doch nimmt selbst die aufgeklärte Literatur allgemein keinen Anstoß daran.

Bezüglich des Erlöses herrscht nun stark die Meinung vor, daß hier nur Surrogation eintrete. Insbesondere Wolff und Anhänger folgern sie aus ihrer entsprechenden Anwendung des § 1247: Weil der Gläubiger kein Pfandrecht erlangt — wie auch sie anerkennen —, „gebührt" ihm der Erlös nicht! — Entsprechend der oben empfohlenen Korrektur der Anwendung der §§ 1243, 1244 müßte diese Folgerung aus § 1247 abgewiesen werden, selbst wenn man im übrigen für eine Anwendung des § 1247 fürs Zwangsvollstreckungsrecht ist. Gewiß, wenn das BGB. von „gebühren" spricht, so meint es „auf Grund eines Pfandrechts gebühren". Daher mußte die Lehre Leonhards abgewiesen werden (vgl. oben § 7 Anm. 47), nach welcher der Erlös dem Gläubiger schon dann gebührt, wenn er eine Forderung hat. — Im Vollstreckungsrecht kommt es nun aber gar nicht darauf an, daß ein Pfandrecht da ist, sondern nur darauf, daß eine gültige Verstrickung vorliegt. Gebühren könnte daher auf Gebiet des Zwangsvollstreckungsrechts nur bedeuten „auf Grund der Verstrickung gebühren". Der Gläubiger braucht also nur eine Forderung zu haben und die staatlichen Vollstreckungsorgane müssen zu seinen Gunsten eine bewegliche Sache verstrickt haben. Die entsprechende Anwendung des § 1247 führt also gerade zu dem Traditionsprinzip, welchem ihre Vertreter aus dem Wege gehen wollen.

So ist denn allerdings die Rechtslage des Erlöses in dem Falle, daß der Gläubiger die Sache eines Dritten gepfändet und versteigert hat, anders als in dem Falle des bürgerlichen Rechts, daß ein Gläubiger eine Sache als Pfand zur Versteigerung brachte, ohne an ihr ein Pfandrecht zu besitzen. Doch besteht deshalb noch kein Grund, einen „seltsamen Widerspruch" zu konstatieren, wie dies Smoira S. 59 tut. Entsprechen doch die beiden Fälle in ihrem Wesen gar nicht einander, wie das Smoira immer hervorhebt; das Nichtentstehen des Pfandrechts konnte im angeführten bürgerlich-rechtlichen Falle doch auch noch andere Ursachen haben, als gerade die Tatsache, daß der Verpfänder nicht Eigentümer war;[1] man denke an Willensmängel des verpfänden

[1] Eine wirkliche, innerliche Verwandtschaft besteht dagegen zwischen dem Fall der Vollstreckung in Sachen Dritter und dem Fall, daß der Gläubiger Sachen eines Dritten im Wege des Pfandverkaufs veräußert, an denen

wollenden Eigentümers! Andererseits erwirbt ja gerade der Gläubiger, auch wenn Sachen Dritter verpfändet werden, gemäß § 1207 eventuell doch ein wirksames Pfandrecht! Darauf weist schon Fröhlich S. 46 hin; auch er fühlt ganz richtig, daß die Geltung des Traditionsprinzips beim Erlöse aus der Versteigerung von Dritten gehörigen Sachen nicht widerspruchsvoll, sondern durchaus sinngemäß ist.

2. Dadurch, daß die Vollstreckung in eine dem Schuldner nicht gehörige Sache als rechtmäßig befunden wurde, wurde zugleich die Notwendigkeit geschaffen, die Klage aus § 771 ZPO. als Rechtsgestaltungsklage aufzufassen.[1] Soweit man im Falle der Pfändung von dem Schuldner nicht gehörigen Sachen Surrogation des Erlöses annimmt, wie dies etwa Wolff tut, erst recht aber natürlich, wenn man mit Stein stets Surrogation annimmt, so genügt es natürlich, die gemäß § 771 ZPO. erfolgte Rechtsgestaltung auch dann als rein prozeßrechtliche aufzufassen, wenn eine Veräußerung der gepfändeten Sachen bereits stattgefunden hat.[2] Der Erlös gehörte sowieso dem Gläubiger nicht, es bedarf also nicht erst der Klage aus § 771 ZPO., um dies auszusprechen.

Nimmt man aber nun die Geltung des Traditionsprinzips auch im Falle der Versteigerung von dem Schuldner nicht gehörigen Sachen an, so ist ja doch der Gläubiger rechtmäßiger Eigentümer des Erlöses geworden in dem Augenblicke, in dem

---

er gemäß § 1207 BGB. ein Pfandrecht erworben hat! — Daß hier die Frage, ob der Gläubiger dem Eigentümer auf seine Bereicherung haftet, nicht aufgeworfen wird, hat seinen Grund darin, daß die eventuelle Bereicherung nicht erst durch den Pfandverkauf, sondern bereits durch den Erwerb des Pfandrechts erfolgte. In der Regel wird aber natürlich gar keine Bereicherung vorliegen, denn dem Pfandrechtserwerb pflegt ja eine Aufgabe von Vermögenswerten — etwa im Wege der Darlehnshingabe — Hand in Hand zu gehen, die ohne pfandrechtliche Sicherung nicht erfolgt wäre.

[1] So Stein Komm. 771 I, Literatur siehe daselbst; es kann nicht Aufgabe dieser Abhandlung sein, auf den Streit über die rechtliche Natur dieser Klage näher einzugehen.

[2] Für den rein prozeßrechtlichen Charakter der Klage Stein Komm. 771 I Anm. 9 reichliche Literatur).

der Ersteher dem Gerichtsvollzieher den Erlös übergab. Was soll nun werden, wenn erst jetzt der Dritte ein obsiegendes Urteil aus § 771 ZPO. erzielt? Die Anhänger des Traditionsprinzips bleiben eine Erklärung hierauf schuldig. Dadurch provozieren sie einen Angriff dahingehend, daß ihre Ansicht unvereinbar sei damit, daß doch die Klage aus § 771 ZPO. bis zum Ende der Zwangsvollstreckung zulässig sei. Allgemein — also auch im Falle des Traditionsprinzips von dessen Anhängern — wird nun angenommen, daß das Ende der Zwangsvollstreckung erst in der Ablieferung des Erlöses seitens des Gerichtsvollziehers an den Gläubiger sei. Die Begründungen sind verschieden. Das Hauptargument, was bei allen wiederkehrt — vgl. SEUFFERT 767 6b, FALKMANN II 714 — wird mit Recht darin gefunden, daß bis zur Ablieferung des Erlöses die Vollstreckungsorgane zu einer unmittelbaren Einwirkung auf denselben in der Lage sind. Jede Einwirkung der Vollstreckungsorgane auf die Pfandsache oder den Erlös ist aber begrifflich noch zur Vollstreckung gehörig, also auch noch die Ablieferungshandlung des Gerichtsvollziehers.

SCHULZ meint also, daß für die Anhänger des Traditionsprinzips im Falle der Pfändung von dem Schuldner nicht gehörigen Sachen eine Klage aus § 771 ZPO., sobald die Sache veräußert ist, widersinnig sei. Denn der Erlös gehört nunmehr dem Gläubiger zu Eigentum, ist also nach SCHULZ' Meinung für den Dritten unantastbar, so daß auch ein obsiegendes Urteil ihm nichts nützen könne, sondern nur die Tatsache konstatiere, daß die Vollstreckung allerdings unrechtmäßig sei. Um diesem Ergebnis ohne Aufgabe des Traditionsprinzips zu entgehen, gibt es nur zwei Wege. Den ersten ist das Oberlandesgericht Hamburg (Seuff. Arch. 38 S. 367) gegangen, indem es das Ende der Zwangsvollstreckung eben doch schon auf den Zeitpunkt der Erlösablieferung seitens des Gerichtsvollziehers verlegt und nach diesem Zeitpunkt einen Zugriff des Dritteigentümers auf den Erlös nicht mehr zuläßt. Diese Ansicht ist um so unverständlicher, als es sich in dem dem Oberlandesgericht Hamburg vorgelegenen Falle um eine Klage aus § 805 ZPO. handelt, und § 805 Abs. 4 kann doch eine Hinterlegung des Erlöses nur zu dem Zwecke vorsehen, daß der Drittberechtigte sich daraus befriedigen kann!

Eine wirklich brauchbare Lösung des anscheinenden Widerspruches ist jedoch von EMMERICH gefunden worden. EMMERICH ist einer von den wenigen, die auch bei der Versteigerung von einem Dritten gehörigen Sachen für den Erlös das Traditionsprinzip anwenden wollen.[1] „Werden aber", so sagt nun EMMERICH S. 443, „diese Klagen (d. h. die aus §§ 771 bzw. 805 ZPO.) rechtzeitig erhoben (zu ergänzen wohl: und siegreich durchgeführt), so erwirbt der Pfändungspfandgläubiger kein Eigentum, bzw. kein freies Eigentum am Erlöse." Vielmehr, so meint EMMERICH weiter, soll das Eigentum des Dritten „vermöge des Surrogationsprinzips" erhalten bleiben und der Gläubiger keine Rechte am Erlös erhalten. Bedauerlicherweise hat EMMERICH keine Erklärung für diese immerhin nicht so selbstverständliche Regelung.[2] Eine solche Erklärung dürfte aber in folgender Erwägung zu finden sein.

Die Regelung des § 819 ZPO., daß für den Gläubiger bezüglich des Erlöses das Traditionsprinzip gilt, ist nämlich zwar für die Fälle rechtmäßiger Veräußerung undurchbrochen. Die ZPO. gewährt aber dem Dritteigentümer, dessen Sache gepfändet wurde, einen Rechtsbehelf, die zulässige Vollstreckung in eine unzulässige, damit also die rechtmäßige Veräußerung in eine unrechtmäßige zu verwandeln, nämlich die Klage aus § 771 ZPO. Solange diese Klage zulässig ist — also bis Ablieferung des Erlöses an den Gläubiger —, kann diese Verwandelung, diese prozessuale Rechtsgestaltung, erfolgen. Das Urteil spricht dann aus, daß die Vollstreckung, insbesondere auch die Veräußerung, unrechtmäßig ist. Grund der Unrechtmäßigkeit kann nur sein die ebenfalls erst durch das rechtsgestaltende Urteil geschaffene Ungültigkeit der Verstrickung (vgl. u. § 16 der Abhandlung).

Man wende nicht ein, daß die ZPO. die Zugehörigkeit der

[1] Der Weg, auf dem er zu diesem Ergebnis kommt, ist hier allerdings nicht gebilligt worden; er nimmt S. 447 den Erwerb eines Pfandrechts an einer solchen Sache durch den Gläubiger an.

[2] Aus den §§ 63, 65 von EMMERICHS Schrift, auf die er a. a. O. summarisch verweist, ergibt sich nichts.

gepfändeten Sache zum schuldnerischen Vermögen als unwesentlich betrachte, daß vielmehr § 808 ZPO. nur den Gewahrsam des Schuldners als Voraussetzung einer gültigen Vollstreckung betrachte. Mit Recht wird dies von STEIN S. 37ff. geleugnet und sehr richtig darauf hingewiesen, daß bei allen Formen der Zwangsvollstreckung stets die Vermögenszugehörigkeit zu prüfen ist, nur daß die Prüfung in ihrer Intensität mannigfach abgestuft ist. Wenn bei der Pfändung beweglicher Sachen nur eine Prüfung des Gewahrsams seitens des Gerichtsvollziehers vorgeschrieben ist, so ist dies ebenfalls als eine — wenn auch relativ schwache — Prüfung der Zugehörigkeit zum schuldnerischen Vermögen aufzufassen; denn der Gewahrsam ist ein immerhin wichtiges Indiz für die Vermögenszugehörigkeit, von dem ja auch § 1006 BGB. nach anderer Richtung hin Gebrauch macht. Den deutlichsten Beweis dafür, daß die Prüfung des Gewahrsams als eine Prüfung der Vermögenszugehörigkeit aufzufassen ist, liefern die von STEIN S. 40 zitierten Bestimmungen der preußischen Geschäftsanweisung § 57 Nr. 2 und der sächsischen Geschäftsordnung § 1635, nach denen die Pfändung der im Gewahrsam des Schuldners befindlichen Sachen als dem Schuldner gehörig nur dann vom Gerichtsvollzieher gepfändet werden dürfen, „wenn ihm nicht das Gegenteil bekannt ist", was nach STEIN soviel bedeutet wie „wenn das Gegenteil nicht zweifellos und offensichtlich ist". — Durch das Urteil auf die Klage aus § 771 ZPO. wird nach einer weitverbreiteten Ansicht die Unzulässigkeit der Vollstreckung geschaffen; da liegt es doch sehr nahe, als deren Grund jene ebenfalls durch das Urteil geschaffene „Zweifellosigkeit und Offensichtlichkeit der Nichtzugehörigkeit zum Vermögen des Schuldners" aufzufassen. M. a. W.: Die Verstrickung wird durch ein obsiegendes Urteil des Dritteigentümers ex tunc für ungültig erklärt, mithin ist der Erlös nunmehr zu behandeln wie allgemein in den Fällen, in welchen die Veräußerung der gepfändeten Sache wegen Ungültigkeit der Verstrickung unrechtmäßig war[1]; d. h. es hat Surrogation in vollem Umfange einzutreten, der Kläger kann nunmehr sein Eigentum am Erlös geltend machen.

---

[1] Vgl. § 16 der Abhandlung.

Somit bedarf das unter 1 gefundene Resultat einer nachträglichen Ergänzung. Bei Versteigerung einer dem Schuldner nicht gehörigen Sache greift zwar zugunsten des Gläubigers das Traditionsprinzip in voller Wirksamkeit Platz; zugleich hat aber auch — zunächst freilich in voller Unwirksamkeit! — zugunsten des Eigentümers der Sache das Surrogationsprinzip voll einzugreifen. Will letzterer dies mit Wirksamkeit geltend machen, so muß er den von der ZPO. für diesen Zweck allein vorgesehenen Weg der Klage aus § 771 ZPO. beschreiten.

Für den Fall, daß das Urteil erst nach der Veräußerung der Sache ergeht, hat die Klage aus § 771 ZPO. also zugleich eine materiellrechtliche Wirkung.[1] Diese Wirkung ist gewiß auffälliger Art — es wird das Eigentum des Gläubigers am Erlöse ex tunc wieder aufgehoben —, aber doch nicht einzigartig; insbesondere drängt sich der Vergleich mit der Ehenichtigkeitsklage auf, wo ja die rechtlichen Beziehungen der Ehegatten zueinander auch ex tunc wieder aufgehoben werden; wie sich vor Erlaß des Urteils keiner der beiden Ehegatten sich auf das Nichtentstehen der Ehe berufen kann, so kann sich hier der Dritteigentümer vor Erlaß des Urteils nicht auf das Eintreten des Surrogationsprinzips berufen.

Die Ergebnisse dieser Interpretation des § 771 ZPO. sind durchaus brauchbar. Es wird insbesondere eine Inkonsequenz vermieden, die sich die herrschende Lehre zuschulden kommen läßt und die darin besteht, daß man dem Dritteigentümer, wenn die Klage zwar zur rechten Zeit erhoben wurde, aber doch vor Erlangung des obsiegenden Urteils der Gläubiger den Erlös ausgezahlt erhielt, auf einmal jeden direkten Schutz versagt und ihn auf eine Bereicherungsklage verweist. Der Dritteigentümer ist so dem Zufall preisgegeben. Ordnet das Gericht gemäß § 769 ZPO. die Hinterlegung des Erlöses an[2], so bekommt der Kläger nach obsiegendem Urteil das Eigentum an diesem; erfolgt aber keine derartige Maßregel, so soll er von vornherein gleich nur einen

---

[1] Was STEIN Komm. 771 I — von seinem Standpunkt aus mit vollem Recht — leugnet. Weitere Literatur siehe Anm. 9 daselbst.

[2] Dies ist nach RG. 30 S. 397 zulässig.

Bereicherungsanspruch haben[1], sich also genau so schlecht stehen, als wenn er überhaupt die Klage aus § 771 ZPO. nicht erhoben hätte! Doch ist es nicht denkbar, daß die ZPO. dermaßen einen Rechtsbehelf gewährt, der in Wirklichkeit gar kein Rechtsbehelf ist. — Von dem hier vertretenen Standpunkt aus macht es dagegen gar keinen Unterschied, ob der Erlös vor Ergehen des Urteils ausgezahlt wurde, oder nicht. Das Urteil, wann immer es ergeht, schafft ex tunc die volle Wirksamkeit des Surrogationsprinzips. Hatte also der Gläubiger den Erlös bereits empfangen, so hat er ihn trotzdem herauszugeben. Allerdings wird er in der Regel die konkreten Erlösgeldstücke nicht mehr unterscheidbar bei sich vorfinden. Dann ist es einfach so anzusehen, als ob der Gläubiger fremdes Geld vermischt bzw. ausgegeben habe; er haftet also gemäß § 951 bzw. § 816 BGB.

Im Falle mehrfacher Pfändung ist es möglich, daß die Klage aus § 771 ZPO. zwar dem einen Gläubiger gegenüber durchdringt, dem anderen gegenüber aber versagt. Das ist dann der Fall, wenn der Dritte nach der ersten aber vor der zweiten Pfändung vom Schuldner das Eigentum an der Sache, in die vollstreckt wird, erworben hat, was ja durchaus möglich ist.[2] Dann greift natürlich für den ersten Pfandgläubiger das Traditionsprinzip bezüglich des Erlöses auch nach Ergehen des Urteils ungehindert Platz; dem zweiten gegenüber setzt ein Urteil aus § 771 ZPO. dagegen das Surrogationsprinzip in Wirksamkeit.

Würde im Falle mehrfacher Pfändung an sich die Klage aus § 771 ZPO. allen pfändenden Gläubigern gegenüber durchdringen, so darf sich der Eigentümer nicht etwa damit begnügen, nur den erstpfändenden zu verklagen. Denn mit einem obsiegenden Urteil ist zwar das Surrogationsprinzip im Verhältnis von Kläger und

---

[1] So Stein Komm. 771 II 3; Literatur siehe daselbst.

[2] Die Wirkung der Sachpfändung ist nämlich nur ein relatives Veräußerungsverbot, welches seiner Selbstverständlichkeit halber in § 803 ZPO. — im Gegensatz zu den §§ 829, 857 ZPO., wo von der Pfändung von Forderungen die Rede ist — nicht ausgesprochen worden ist. Die Veräußerung der Sache muß also ein nachpfändender Gläubiger gegen sich gelten lassen, wenn sie nur vor seiner Pfändung geschah. So auch Falkmann S. 645f., Stein Komm. 803 II 1.

Beklagten hergestellt[1], die anderen Gläubiger berührt das jedoch nicht, denn ihnen gegenüber erging kein Urteil, welches das zu ihren Gunsten wirkende Traditionsprinzip wieder beseitigte. Der Kläger hat somit nur erreicht, daß den nachstehenden Pfändungspfandgläubigern nun auch noch der Betrag zu Eigentum gehört, der durch den Wegfall des ersten freigeworden ist; nur was nach Befriedigung jener übrig bleibt, erhält er kraft Surrogationsprinzip zu Eigentum.

3. Ist eine dem Schuldner nicht gehörige Sache auf Grund einer Zwangsvollstreckung veräußert worden und der Erlös dem Gläubiger abgeliefert worden, ohne daß der Eigentümer aus § 771 ZPO. geklagt hätte, so besteht eine Rechtslage, die — im Gegensatz zu der unter 2 geschilderten — auf die Literatur äußerst befruchtend gewirkt hat. Nachdem in inhaltsreichen Spezialabhandlungen die gesamte Literatur wiederholt ausführlich behandelt und z. T. auch schon systematisiert wurde, soll hier nur soweit zu der Streitfrage Stellung genommen werden, als sie zu im Verlauf der Abhandlung gefundenen Ergebnissen in direkter Beziehung steht.

Es wurde oben ausgeführt, daß § 819 auch im Falle der Vollstreckung in Sachen Dritter dingliche Bedeutung habe und daß die obligatorische Wirkung, die Befreiung, eine notwendige Folge der dinglichen Rechtslage sei. Um dieser notwendigen Befreiung des Schuldners, die sich mit seinen weiteren Intentionen nicht vertrug, zu entgehen, nahm Wolff den Weg über § 1247. Wer diesen Weg geht und dabei auch nicht etwa die wirksame Verstrickung, sondern das notariell wirksame Pfandrecht des Gläubigers dem Wort „gebühren“ in § 1247 seinen Inhalt geben läßt, der kommt im Falle der Pfändung von Sachen Dritter allerdings folgerichtig nicht zu einer Befreiung des Schuldners; denn auf Grund eines Pfandrechts „gebührt“ dem Gläubiger nichts; folglich müßte — gemäß § 1247 S. 2 — Surrogation des Erlöses eintreten. Von diesem Standpunkt ist es eine notwendige Konsequenz, zu behaupten, daß im Falle der Vollstreckung in Sachen Dritter für eine Anwendung des § 819 ZPO. kein Raum

[1] und die Wirkung des § 819 für ersteren wieder beseitigt,

sei, da ja in diesem Falle der klare Wortlaut des § 819 mit dem des § 1247 kollidieren würde. Denn wenn man schon jede dingliche Bedeutung des § 819 ZPO. leugnet, die obligatorische kann man nicht auch noch leugnen, vielmehr soll nach Wolff durch § 819 die Befreiung zeitlich geregelt werden. Wo aber keine Befreiung, da ist auch eine zeitliche Regelung derselben nicht möglich.

Kein solch innerer Grund besteht dagegen eigentlich für Stein, ebenfalls die Notwendigkeit der Nichtanwendung des § 819 ZPO. im Falle der Vollstreckung in Sachen Dritter zu behaupten[1], was von seinem Standpunkt aus so viel bedeutet, als daß auch er die befreiende Wirkung des Erlösempfangs im Falle der Pfändung von Sachen Dritter leugnet. Nach ihm soll ja volle Surrogation des Erlöses stets eintreten, in § 819 ZPO. also nur die Befreiung des Schuldners zeitlich vor dem Eigentumserwerb des Gläubigers am Erlöse gesetzt werden[2]; wenn Stein nun behauptet, daß dies bei Vollstreckung in Sachen Dritter anders sei, so müßte er das wiederum beweisen! Stein begnügt sich in dieser Hinsicht mit einem kurzen Hinweis; er meint (S. 97): „Wie die privatrechtliche Reflexwirkung des staatlichen Aktes, das Pfändungspfandrecht ausbleibt, wenn der gepfändete Gegenstand nicht zum Vermögen des Schuldners gehört, so bleibt auch die privatrechtliche Wirkung der Eigentumsübertragung durch Staatsakt auf das Schuldverhältnis dann aus, wenn das dem Gläubiger übertragene Eigentum nicht aus dem Vermögen des Schuldners stammt.“ Das ist jedoch keine Widerlegung des doch eben offenkundig keine Einschränkung in diesem Sinne enthaltenden Wortlauts des § 819 ZPO.[3] Solange aber eine begrün-

[1] So Stein S. 97. [2] Vgl. Stein S. 82.

[3] Steins a. a. O. sich findende Verweise auf Smoira S. 94ff. und Freund S. 30ff. können nur den Sinn haben, daß diese zufällig dasselbe Ergebnis, wie Stein, gefunden haben. Gegen den durch sie dazu eingeschlagenen Weg spricht sich Stein andernorts (z. B. S. 78) nachdrücklich aus. Aus denselben Gründen ist die zitierte Judikatur keine wirkliche Stütze; die Entscheidung des OLG. München in der Zeitschrift für Rechtsprechung in Bayern 3 S. 50 nennt die Pfändung von Sachen Dritter „unwirksam“ und das OLG. Dresden (in Sächs. Arch. f. Rechtspflege von 1908 S. 481) spricht von „unwirksamer Veräußerung.“

dete Widerlegung dieses Wortlauts nicht gelingt und solange andererseits Wolff und Anhänger nicht eine bessere Stütze für die Anwendungsnotwendigkeit des § 1247 bringen, darf man an dem aus seinen Worten zu entnehmenden Sinn des § 819 ZPO. nicht rütteln: Die notwendige Folge der Zahlung, nämlich die Befreiung des Schuldners tritt ein, und zwar auch dann, wenn die gepfändeten Sachen dem Schuldner nicht gehörten.

Daß dies nichts Absonderliches ist, wie es in den Darstellungen der Gegner sich immer ausnimmt, zeigt Schulz S. 408f. Dort wird darauf hingewiesen, daß die Zahlungsfiktion des § 819 ZPO. ganz sicher Platz greift, wenn die Pfändung nachträglich nach § 30 KO. angefochten wurde. Das folgt nämlich aus § 39 KO., wo extra ein Wiederaufleben der Forderung angeordnet, das vorherige Erlöschen derselben, d. h. die Zahlungswirkung, also vorausgesetzt wird. Hier findet also unleugbar ein Forderungsuntergang statt, trotzdem die Pfändung das Vorbeschlagsrecht der Gläubiger verletzte. Entsprechendes muß — so fährt Schulz fort — zunächst auch für die Verletzung eines pfandrechtlichen Verkaufsrechts gelten. Pfändet also A eine dem B gehörige, aber mit einem Vermieterpfandrecht belastete Sache, so erlischt seine Forderung gegen B doch, sobald er Eigentümer des Vollstreckungserlöses wird. Warum — so frägt nun Schulz — soll nun nicht auch die gleiche forderungstilgende Wirkung bei einem Erlös angenommen werden, der aus der Verletzung fremden Eigentums gewonnen worden ist? — Also auch rechtsvergleichende Erwägungen bilden den Forderungsuntergang bei Vollstreckung in Sachen Dritter.

Von diesem durch die exakte Untersuchung der dinglichen Rechtslage gewonnenen Standpunkte aus gelangt man nun freilich schwerer zu einem Rechtsbehelf, wie ihn die weitaus herrschende Lehre dem Dritteigentümer gegen den Gläubiger gibt, als diese. Stein S. 95 gewährt dem Dritten einen Bereicherungsanspruch[1],

[1] aus § 812 BGB., denn der Gläubiger hat nach ihm ja Eigentum am Erlös und die Forderung,

Wolff S. 79 den Eigentumsherausgabeanspruch solange der Erlös sich unterscheidbar im Vermögen des Gläubigers vorfindet und danach einen Anspruch aus §§ 951 bzw. 816 BGB.

Es ist aber auch von Verfechtern des Traditionsprinzips verschiedentlich der Versuch gemacht worden, einen Rechtsbehelf für den Gläubiger zu konstruieren, daß er mit dem Forderungsuntergang vereinbar ist. Auf diese Versuche soll im folgenden etwas eingegangen werden.

Man hat eine Haftung des Gläubigers aus § 816 BGB. konstruieren wollen, indem man behauptet hat, daß der in dieser Bestimmung gegebene Anspruch keine Bereicherung dessen, gegen den er sich richtet, voraussetzt. — Demgegenüber hat man gleich die Möglichkeit der Anwendung des § 816 BGB. überhaupt bestreiten wollen. So behauptet Stein S. 95: „Wo das Bürgerliche Gesetzbuch die Verfügung im Wege der Zwangsvollstreckung derjenigen durch Rechtsgeschäft gleichstellt, meint es eine Verfügung durch Zwang gegen den Verfügungsberechtigten.“ Diese Meinung ist schon von Freund S. 347 aufgestellt und von Smoira S. 80 wirksam widerlegt worden. In den Motiven (I S. 128), wo von der Zulässigkeit der Gleichstellung der rechtsgeschäftlichen und der Zwangsverfügung auch ohne besondere gesetzliche Anordnung die Rede ist, wird ausdrücklich gesagt, daß die Gleichstellung es noch nicht mit sich bringt, daß derjenige, gegen welchen die Veräußerung im Wege der Zwangsvollstreckung durchgesetzt wird, als der Veräußerer zu behandeln sei. Örtmann[1] hat durchaus recht, wenn er sagt: „Die Veräußerung des Pfändungsobjekts ist zwar nach der richtigen Anschauung keine Verfügung des, aber eine solche im Interesse des Gläubigers; sie wirkt zu seinen Gunsten im privatrechtlichen Sinne ebenso, wie wenn von ihm vorgenommen.“ — Liegt so gegen die Anwendung des § 816 BGB.

[1] S. 24ff. und Komm. 816, 1b. — Im Gegensatz dazu behandelt Örtmann S. 50 auf einmal doch den Schuldner als den Verfügenden und den Gläubiger als den Empfänger. (Örtmann will dort nachweisen, daß der Dritteigentümer einen Rechtsbehelf gegen den Gläubiger hat, indem er aus dem § 816 BGB. das Prinzip ableitet, daß bei unentgeltlichen Verfügungen eines Nichtberechtigten der Empfänger haftet; der Erwerb des Gläubigers sei aber entgeltlich, da er ja seine Forderung verliert.)

an sich kein Bedenken vor, so ist doch die Auffassung, daß § 816 BGB. keine Bereicherung voraussetze, nicht haltbar. Ihre Vertreter stützen sich hauptsächlich darauf, daß in § 816 Abs. 1 BGB. nur von einer „Herausgabe des durch die Verfügung Erlangten, nicht aber von einer Bereicherung die Rede sei.[1] Dasselbe Resultat strebt SCHULZ S. 412f. an, wo er ausführt, daß man die Bereicherungsansprüche nicht mit den von ihm sogenannten „Ansprüchen auf den Überrest" verwechseln dürfe. Letzteres sei der weitere Begriff; nur zu ihm gehöre der Anspruch aus § 816, nicht auch zu ersterem. Den Beweis für seine Behauptung bleibt SCHULZ schuldig; um so mehr trifft ihn das von ÖRTMANN (S. 39ff.) über den § 816 BGB. Gesagte. Dort wird erstens davor gewarnt, den § 816 isoliert zu betrachten, da er doch in dem mit „Ungerechtfertigte Bereicherung" überschriebenen Titel steht; auch die Haftung aus § 816 sei daher eine Bereicherungshaftung, für deren Umfang also die §§ 818—820 BGB. maßgebend seien. Weiter warnt ÖRTMANN, sich verleiten zu lassen, aus § 818 Abs. 3 BGB. ein Gegenargument gegen Vorstehendes zu entnehmen, weil gemäß dieser Vorschrift die Haftung nur soweit entfällt, als der Betreffende „nicht mehr" bereichert ist; man könnte nämlich auf den Gedanken kommen zu sagen: Wenn von Anfang an keine Bereicherung vorliegt, so steht dem Anspruch aus § 816 BGB. nichts im Wege! Der strenge Wortinterpret müßte freilich verlangen, daß die Bereicherung zeitlich nach ihrem Entstehen weggefallen sei. Das trifft allerdings im Falle des § 819 ZPO. nicht zu: Der Eigentumserwerb am Erlös und die Forderung koinzidieren zeitlich. Doch wäre es unsinnig, wenn der Haftende einen nachträglichen Bereicherungswegfall zur Minderung seiner Haftung einwenden dürfte, etwaige mit dem Empfang gleichzeitig eintretende, die Bereicherung von vornherein mindernde oder ausschließende Momente dagegen nicht. Daß das Gesetz nur Fälle der ersteren Art erwähnt, ist vielmehr einfach daraus zu erklären, daß sie viel häufiger sich ereignen, als die letzteren. Auch aus § 818 Abs. 3 BGB. ist also eher gerade darauf zu schließen, daß der

---

[1] So MEISSNER 816, KUHLENBECK 816, 4.

Anspruch aus § 816 BGB. eine Bereicherung voraussetzt. — Endlich sagt der Ausdruck „Herausgabe des Erlangten" nichts Gegenteiliges; er findet sich ja auch in § 812 BGB., dem typischen Bereicherungsanspruch.

Eine andere Ansicht[1] will gegen den Gläubiger trotz Eingreifens des Traditionsprinzips die Bereicherungsklage geben. Ein Eingehen auf diese Ansicht verlohnt sich deshalb, weil gerade sie in der einschlägigen Literatur stets nur kurz erwähnt und mit dem Vorwurfe, der sie gar nicht trifft, zurückgewiesen zu werden pflegt. So weiß Smoira (S. 90), dessen Arbeit alle über die Kondiktionsfrage geäußerten Ansichten am eingehendsten behandelt, von jener Meinung nur zu sagen, daß gemäß ihr nach Erhebung der Bereicherungsklage die Forderung des Gläubigers wieder auflebe und bemerkt dazu mit den pointierten Worten Freunds (das. S. 317), daß man dem Nichtbereicherten nur etwas gebe, um Grund zu der Bereicherungsklage zu haben, die man zu begründen wünscht. Weiter sagt Smoira (S. 91) noch sehr richtig, daß ein Bereicherungsanspruch eine vorhandene Bereicherung voraussetze, „während die hier bekämpfte Ansicht dem Gläubiger seinen Anspruch gegen den Schuldner erst wieder gewährt infolge seiner Belangung durch den Eigentümer.

So kurzsichtig, das zu übersehen, sind die Vertreter der bekämpften Ansicht nun denn doch nicht. Sie behaupten vielmehr[2], daß trotz Eintretens des Traditionsprinzips der Gläubiger seinen Anspruch gegen den Gläubiger nicht endgültig verloren habe. Vielmehr trete dieser Erfolg, „wie schon nach römischem Recht, so auch noch heute", erst dann ein, wenn der Gläubiger unbedingt befriedigt ist. Die unbedingte Befriedigung wird nun mit dem Hinweis darauf bestritten, daß ja die Pfändung „anfechtbar" sei. Da also der Gläubiger nicht unbedingt befriedigt sei, so habe er noch immer einen, wenn auch nur bedingt bestehenden Anspruch gegen den Schuldner. Dieser Anspruch könne in demselben Augenblick mit Erfolg geltend gemacht werden, in dem die Pfändung erfolgreich angefochten sei.

---

[1] Vgl. Bein 59, 64, Rogge S. 61.

[2] Wirklich klar freilich nur Rogge S. 61.

Diese Ansicht geht von ganz richtigen Voraussetzungen aus. Man kann sehr wohl sagen, daß das Traditionsprinzip hier nur bedingt — und zwar auflösend — eingreift[1]; auflösende Bedingung ist besagte „erfolgreiche Anfechtung". — Die wirkliche Schwäche der besprochenen Ansicht liegt aber nun darin, daß sie übersieht, daß zu einer erfolgreichen Anfechtung die ZPO. doch nur den Rechtsbehelf aus § 771 gibt. Das sei ohne weiteres zugegeben: Stellt der Kläger durch ein obsiegendes Urteil aus § 771 ZPO. das Surrogationsprinzip wieder in Wirksamkeit, tritt sonach die auflösende Bedingung der Zahlung ein, so ist natürlich auch für die Wirkung der Zahlung, die Befreiung, kein Raum mehr; denn auch diese war natürlich auflösend bedingt.[2] Ist aber eine Klage aus § 771 ZPO. nicht mehr möglich, weil der Gerichtsvollzieher den Erlös an den Gläubiger abgegeben hat, so ist die auflösende Bedingung der Zahlung unmöglich geworden. Damit natürlich auch die auflösende Bedingung für die Wirkungen derselben, insbesondere also für die Befreiung des Schuldners. Die Forderung des Gläubigers ist also fortab durch ein unmögliches Ereignis aufschiebend bedingt; sie ist demnach endgültig als erloschen zu betrachten.[3]

Ein dritter Weg[4] endlich, trotz des Traditionsprinzips den Gläubiger belangen zu können, geht aus von der Bemängelung einer Reichsgerichtsentscheidung aus dem Jahre 1885 (Bd. 13 S. 173). Daselbst wird der besagte Bereicherungsanspruch abgelehnt mit der Begründung, „daß durch die Tilgung der Schuld, durch welche der Schuldner bereichert wird, die Annahme einer Bereicherung des Gläubigers ausgeschlossen werde, da dieser die Zahlung als Äquivalent für die Tilgung seiner Forderung erhalten habe, so daß er das Empfangene nicht sine causa habe". Dem-

---

[1] Genau so Falkmann S. 333.

[2] Die bedingte Forderung, von der Rogge spricht, hat man sich als eine — der auflösend bedingten Befriedigung entsprechenden — aufschiebend bedingte vorzustellen; bedingendes Ereignis für Forderung und Befriedigung ist dasselbe, nämlich die „erfolgreiche Anfechtung".

[3] Dies muß als selbstverständlich gelten; das BGB. enthält bekanntlich keine Bestimmung über die sog. „uneigentlichen Bedingungen", da die 2. Kommission die im Entwurf vorhandenen Bestimmungen als unnötig strich.

[4] Ihn geht allein Koffka (Bödigers Mag. 8 S. 161ff.).

gegenüber wendet KOFFKA S. 168 ein, daß zwar abstrakt die Vermögensverhältnisse des Schuldners nicht verbessert sind, daß aber doch das Forderungsrecht bei Vermögenslosigkeit des Schuldners ein inhaltloses ist. Auch sei die Bereicherung dem Dritteigentümer gegenüber ohne causa, denn er habe Befriedigung aus Mitteln erhalten, auf welche er keinen Anspruch hatte. Eine Bereicherung im vorliegenden Falle anzunehmen, entschließt sich auch v. MAYR S. 410, der sich mit dem Thema der ungerechtfertigten Bereicherung im allgemeinen wohl am eingehendsten beschäftigt hat. Er sagt: „Dem wirtschaftlichen Begriff der Bereicherung widerstrebt es aber zweifellos, Bereicherung dann nicht anzunehmen, wenn das Vermögen des Gläubigers auf der einen Seite durch den Empfang des Geldes vermehrt wird, während auf der anderen Seite der Untergang der wertlosen Forderung demselben keinen wirklichen Wert entzieht“, und zwar entnimmt er diese Worte einer Reichsgerichtsentscheidung aus dem Jahre 1896 (Bd. 38 S. 8ff.); dieses hat also seine zuerst erwähnte Meinung geändert.

So läßt sich denn in der Tat gegen KOFFKAs Ergebnis nichts einwenden. Auch SMOIRA S. 84 weiß — abgesehen von der hinreichend widerlegten Leugnung einer Bereicherungsmöglichkeit — nur den von KOFFKA S. 168 gebrauchten Passus, daß Bereicherung nicht dem Schuldner gegenüber, wohl aber dem Dritteigentümer gegenüber vorliege, zu rügen. Er behauptet, die Bereicherung sei etwas Objektives, Absolutes; „ist sie nicht vorhanden, so müssen auch Dritte ihren Mangel gelten lassen“. Doch wird durch diese Behauptung nicht die Möglichkeit eines Bereicherungsanspruchs gegen den Gläubiger aus der Welt geschafft. § 812 BGB. gewährt dem, „auf dessen Kosten“ jemand anderes bereichert ist, einen Anspruch gegen diesen. Nun: Auf Kosten des Dritteigentümers ist der Gläubiger bereichert, nicht aber auf Kosten des Schuldners; nur der Dritteigentümer dringt also mit einer Bereicherungsklage durch. Nur das hat KOFFKA sagen wollen, wenn er sich auch dabei vielleicht nicht peinlich korrekt ausdrückt.[1] — Wirkliche Bedenken

[1] Soweit der Gläubiger haftbar gemacht wird, muß ihm natürlich wieder ein Rechtsbehelf gegen den Schuldner gewährt werden. Von den vier Konstruktionen eines solchen wurde eine schon zurückgewiesen: Die

gegen die hier also gebilligte Ansicht KOFFKAs ließen sich nur aus rechtspolitischen Erwägungen heraus fassen, und zwar nach zwei Richtungen.

Einmal hat man auf die schwere Berechenbarkeit der zahlenmäßigen Bereicherungshöhe hingewiesen. Dieser Mißstand ist nicht zu leugnen, findet sich jedoch bei schuldrechtlichen Klagen — man denke nur an Schadensersatzansprüche! — so häufig, daß er als Gegenargument nicht in Frage kommt. Da KOFFKA zur Zeit der Niederschrift seiner Abhandlung ein Berliner Amtsrichter war, also ein Mann, der mitten in der Praxis steht, so ist auch anzunehmen, daß die Schwierigkeiten in concreto gar nicht so unüberwindlich sind, wie man sie, auf eine abstrakte Form gebracht, sich vorstellt.[1]

Das zweite Bedenken gründet sich darauf, daß der Dritteigentümer ja nicht in jedem Falle einen Rechtsbehelf hat, sondern nur — wie KOFFKA ja selbst (S. 182) ausführt — „sofern nur im einzelnen Falle nachgewiesen wird, daß der Schuldner andere Befriedigungsmittel für den Gläubiger in seinem Vermögen nicht gehabt hat, so daß eine Verbesserung der Vermögenumstände des Gläubigers gerade dadurch eingetreten ist, daß derselbe aus den abgepfändeten ... Gegenständen befriedigt worden ist". — Demgegenüber ist zu betonen, daß ein derartig besonders starkes Wohlwollen, wie es die herrschende Lehre dem Eigentümer der gepfändeten Sache entgegenbringt, doch wohl nicht am Platze ist.

---

alte Forderung aus dem Grunde von neuem aufleben zu lassen, weil das sie aufschiebend bedingende Ereignis eingetreten sei, geht nicht an. Man hat die alte Forderung aus zwei weiteren Gründen wieder wirksam werden lassen wollen. Einmal hat man § 39 KO. analogisiert (womit auch STEIN S. 97 sympathisiert); des weiteren hat man den Rechtsgedanken der §§ 1991, 2143, 2175 BGB. verwertet, wonach erloschene Rechte nach Wegfall ihres Erlöschungsgrundes „als nicht erloschen gelten" sollen (vgl. darüber ENDEMANN 1 § 198 Anm. 54). Doch wird man mangels positiven Vorschriften dem Gläubiger auch seinerseits nur einen Anspruch wegen ungerechtfertigter Bereicherung gegen den Schuldner geben dürfen, was auch SCHULZ S. 414 befürwortet, indem er anschließend zeigt, daß ein praktischer Unterschied zwischen dieser Normierung und einer Anerkennung der alten Forderung kaum besteht.

[1] So besteht nach SCHULZ 411 die Bereicherung „in der Differenz der jetzigen Sicherheit des Habens zu der früheren Unsicherheit des Bekommensollens"!

Zum Beleg des eben Ausgesprochenen sei auf den Schluß der ÖRTMANNschen Abhandlung hingewiesen (S. 50ff.), der, im Gegensatz zu den oft nur auf kleinen Ungenauigkeiten der Ausdrucksweise beruhenden Schwächen, entschieden zu wenig Beachtung seitens der Literatur findet. — Es wird dort darauf hingewiesen (S. 51f.), daß der Gläubiger, der nachträglich mit einer Klage, die schlechthin auf den Betrag des erhaltenen Erlöses geht, belangt wird, in eine sehr üble Lage versetzt wird, die er seinerseits auch nicht verdient hat[1]: „Er war dem Schuldner nach Empfang des Erlöses zur Erteilung einer Quittung wie zur Herausgabe der Schuldurkunde verpflichtet — oder mußte sich doch dazu für verpflichtet halten —; er hat die vollstreckbare Ausfertigung nicht mehr in den Händen, da der Gerichtsvollzieher diese nach § 757 ZPO. dem Schuldner nach Empfang der Leistung hat herausgeben müssen. Er hatte keine Veranlassung mehr, nach seiner „Befriedigung" den Schuldner noch zu überwachen ..." usw. Andererseits zeigt ÖRTMANN (S. 54), daß das Prozeßrecht den Dritteigentümer nicht etwa besonders benachteiligt. Wer seine Sachen aus der Hand gibt, ist durch das bürgerliche Recht einem völlig ersatzlosen Rechtsverlust in viel höherem Maße ausgesetzt: Der Besitzer kann über die Sachen — guten Glauben des Erwerbers vorausgesetzt — jederzeit mit Wirksamkeit gegen den Eigentümer verfügen, ohne daß dieser auch nur einen Augenblick lang einen Rechtsbehelf hätte. Die ZPO. gibt dagegen dem Eigentümer noch während der Dauer des ganzen Vollstreckungsverfahrens die Klage aus § 771 ZPO. Warum soll man hier den Eigentümer noch weiter auf Kosten des Gläubigers schützen?![2] Daß der Eigentümer abhanden gekommener Sachen allerdings gegen Verfügungen des Bürgerlichen Rechts wirksamer geschützt ist, als gegen eine Zwangsvollstreckung in dieselben, ist nicht zu leugnen[3]; doch bildet ja der Fall der Vollstreckung in abhanden

[1] Man beachte immer, daß der Gläubiger, der auch nur unter Außerachtlassung der im Verkehr üblichen Sorgfalt in Sachen Dritter vollstreckt, ja selbstredend stets, nämlich gemäß § 823 Abs. 1 BGB., haftet!

[2] ÖRTMANN übersieht nur eben, daß ein Schutz des Dritteigentümers doch am Platze ist, soweit er nicht auf Kosten des Gläubigers geschieht, d. h. also, soweit der Gläubiger bereichert ist.

[3] Das verkennt ÖRTMANN S. 54.

gekommene Sachen unter der Zahl der Vollstreckungen in Sachen Dritter die verschwindende Ausnahme. — Richtig ist es aber wieder, wenn ÖRTMANN auf die vielen unlauteren Machenschaften hinweist, die schon mit der Klage aus § 771 ZPO. getrieben werden. Auch STEIN S. 98 gibt zu, daß man eine Vollstreckung ohne Intervention schon zu den Ausnahmsfällen rechnen müsse; will man in diesen Ausnahmsfällen auch noch den Gläubiger um seine Ruhe bringen, indem man ihn noch durch 30 Jahre hindurch — die Verjährungsfrist der Bereicherungsklage — der Gefahr aussetzt, den gesamten Vollstreckungserlös wieder herausgeben zu müssen?! — Zum mindesten wird man doch solche Gläubiger zu schützen haben, die nach der hier vertretenen Ansicht gar nicht bereichert sind.

Man hat die Anschauung KOFFKAS mit Recht eine „Mittelmeinung" genannt; in Anbetracht des Umstandes, daß sicher ebensoviele Momente für einen unbedingten Schutz des Gläubigers sprechen, wie für einen unbedingten Schutz des Schuldners, dürfte eine solche auch zur befriedigendsten Lösung führen.

b) Die zu veräußernde Sache ist mit einem die Veräußerung hindernden Rechte belastet.

§ 12.

Nach den unter a) vorgenommenen Untersuchungen bieten die Fälle, in denen die gepfändete Sache zwar dem Schuldner zu Eigentum gehört, jedoch mit dem Rechte eines Dritten belastet ist, keine Schwierigkeit mehr. Wenn das Traditionsprinzip das Eigentum, das mächtigste aller dinglichen Rechte, zu ignorieren vermag, so trifft dies für anderweitige Rechte erst recht zu: Der Pfandgläubiger verlangt freies Eigentum am Erlöse, unbeschadet der Möglichkeit, daß jene Berechtigten die Klage aus § 771 ZPO. erheben. Tun sie das, so muß man auch hier dem obsiegenden Urteile eine rechtsgestaltende Wirkung nicht nur insoweit zuschreiben, daß fortab die Zwangsvollstreckung unzulässig ist, sondern auch insoweit, daß ex tunc das Surrogationsprinzip in Wirksamkeit tritt. Die Surrogation läßt dann den Erlös ins Eigentum des Schuldners — oder falls ein Dritter

Eigentum an der gepfändeten Sache hatte ins Eigentum dieses Dritten — fallen, und an diesem besteht das Recht des nach § 771 ZPO. Vorgegangenen. War also der Intervenient ein Nießbraucher, so erlangt er nach § 1067 BGB. Eigentum am Erlös unter Verpflichtung der Rückerstattung einer gleichhohen Summe nach seinem Tode. An diesem Rückgabeanspruch des Schuldners hat der Pfandgläubiger ein Pfandrecht. — Interveniert ein Pfandgläubiger, so darf er sich beim Eintritt der Pfandreife aus dem Erlöse befriedigen; das Pfandrecht des vollstreckenden Gläubigers beschränkt sich sodann auf die Hyperocha. Soweit er aus dieser Befriedigung erlangt, tritt zum zweiten Male — aber nunmehr endgültig — § 819 ZPO. in Funktion: Die Forderung des Gläubigers erlischt nunmehr definitiv.[1]

Hat der dinglich Berechtigte dagegen die Klage aus § 771 ZPO. nicht erhoben, so hat er denselben Bereicherungsanspruch, wie er unter a) dem Eigentümer zugebilligt wurde.[2]

c) Die zu veräußernde Sache ist mit einem die Veräußerung nicht hindernden Rechte belastet.

§ 13.

Nach den vorstehenden Ergebnissen greift selbstredend auch das Surrogationsprinzip ein, wenn Jemandem ein Recht an der Sache zusteht, das nicht einmal zur Intervention berechtigt. Der Kreis der dinglich Berechtigten, die zum Widerspruch gegen die Zwangsvollstreckung befähigt sind, wird nämlich durch § 805 ZPO. beschränkt. Von Pfandgläubigern kommen hier hauptsächlich die

---

[1] Vgl. oben § 11 der Abhandlung.

[2] Vgl. Wolff (S. 84), der ebenfalls den an der gepfändeten Sache dinglich Berechtigten ebenso behandelt, wie den Dritteigentümer; Wolff kommt natürlich von seinem Standpunkt aus zu dem Ergebnis, daß der Drittberechtigte am Erlöse, welcher sich kraft Surrogationsprinzips noch im Eigentum des Sacheigentümers befindet, ebenfalls kraft Surrogationsprinzips ein wirksames dingliches Recht erhält. Hatte er also einen Nießbrauch, so erstreckt dieser sich jetzt auf die ganze, dem Sacheigentümer zu Eigentum gehörende Erlössumme. Hatte er ein Pfandrecht, so besteht dieses jetzt an der Miteigentumsquote, welche der Eigentümer — also eventuell eine andere Person als der Schuldner — am Erlöse in Höhe der pfandgesicherten Forderung hat.

mit Vermieterpfandrechten in Frage, doch sind auch vertragliche und Pfändungspfandrechte ohne Besitz, die hierher gehören, möglich. Was letztere anlangt, so sind ja zwar in der Regel alle Gläubiger mitbetreibend (wegen § 827 Abs. 2 ZPO.). Ist aber die gepfändete Sache dem Gerichtsvollzieher abhanden gekommen, oder sind die Siegelmarken wider Willen des Gerichtsvollziehers oder Gläubigers entfernt worden, so ist es möglich, daß der zweitpfändende Gerichtsvollzieher die Versteigerung betreibt, ohne von der Existenz jenes Pfandrechts zu wissen. Jenes Pfandrecht war aber selbstredend nicht untergegangen, vielmehr ist es einem bürgerlichen Pfandrecht völlig gleich zu behandeln. Es wird zwar nie ein Widerspruchsrecht nach § 771 ZPO., weil dem Gläubiger stets der Besitz fehlt[1], wohl aber gewährt es den Anspruch aus § 805 ZPO.[2]

Nun will § 805 nach seinem eigenen Wortlaut dem Dritten erst dann seinen Schutz angedeihen lassen, wenn ein Erlös, d. h. eine dem Gläubiger gemäß § 819 zu freiem Eigentum gewordene Geldsumme vorliegt. Daß dem Dritten ein solcher Zugriff in fremdes Vermögen gestattet wird, ist wiederum nur aus dem ruhenden Surrogationsprinzip zu erklären. Dessen Platzgreifen wäre hier aus allgemeinen Erwägungen nicht zu folgern. Insbesondere macht das Urteil aus § 805 ZPO. nicht etwa die Zwangsvollstreckung zu einer relativ unrechtmäßigen.[3] Der einzig mögliche Grund der Unrechtmäßigkeit wäre doch die Unzulässigkeit der Verstrickung; in § 805, 1. Halbsatz wird ja aber gerade hervorgehoben, daß die Verstrickung zulässig ist! — Das Gesetz sah sich also genötigt, das Platzgreifen des Surrogationsprinzips, ohne dessen Platzgreifen ein Urteil aus § 805 ZPO. keinen Sinn hätte, ausdrücklich festzustellen. Dies ist in der Tat geschehen durch

[1] Auch durch das bloße Entfernen der Siegelmarken geht der vorher vorhandene mittelbare Besitz verloren. So Seuffert 804, 7c im Anschluß an die Motive zu E. III S. 427.

[2] Warum Bestimmungen über die Art der Geltendmachung eines derartigen Pfandrechts fehlen sollen, wie Emmerich S. 389 behauptet, ist nicht ersichtlich. Der § 805 ZPO., den er daher nur analog anwenden will, findet doch direkte Anwendung! So auch Seuffert S. 805, 1b δ.

[3] Wie hier jetzt auch Stein 815 III; der von ihm als seiner Meinung zitierte Emmerich (insbes. S. 428) vertritt aber gerade die Gegenmeinung.

die Wortfassung des § 805 ZPO. („... er kann jedoch seinen Anspruch auf vorzugsweise Befriedigung aus dem Erlöse im Wege der Klage geltend machen). Dort wird also offensichtlicherweise der „Anspruch auf vorzugsweise Befriedigung" als etwas bereits Vorhandenes betrachtet. Dieser Anspruch — so bemerkt Emmerich S. 386 treffend — ist aber identisch mit dem alten Pfandrecht, das sofort nach der Pfändung in einen solchen Anspruch zusammenschrumpft, weil ihm § 805, 1. Halbsatz (wo das Widerspruchsrecht des Drittberechtigten ausgeschlossen wird) alle übrigen Wirkungen nimmt. Indem § 805 ZPO. die Geltendmachung jenes Anspruchs gestattet, erweckt es das ruhende Surrogationsprinzip wieder zur Wirksamkeit, aber mit einer — als durchaus sinngemäß zu bezeichnenden — Einschränkung. Der Drittberechtigte behält nämlich nicht sein Befriedigungsrecht am ganzen Erlöse, vielmehr besteht dies nur noch in Höhe seiner Forderung. Somit ist der Widersinn vermieden, den das volle Surrogationsprinzip mit sich brächte, nämlich daß der Drittberechtigte den ganzen Erlös von dem Gläubiger herausverlangen dürfte, und dieser nun erst wieder von jenem sich die Hyperocha verschaffen müßte.

Mit Recht wird allgemein angenommen, daß auch ein im Besitz der Pfandsache befindlicher Pfandgläubiger, der der Vollstreckung nicht widersprochen hat, nach § 805 ZPO. vorgehen kann; denn die Zulassung der Pfändung enthält nur einen Verzicht auf das Recht, nach § 771 ZPO. die Vollstreckung zu stören und damit auf das Besitz- und Verkaufsrecht. Nicht aber ist erfolgt ein Verzicht auf das dingliche Recht selbst. Und da auch das Recht des § 805 ZPO. weiter nichts als eine Wirkung des dinglichen Rechts ist, so steht es auch dem besitzenden Pfandgläubiger zu.[1]

Daß die Klage aus § 805 ZPO. zwecks voller Wirkung gegen alle Pfandgläubiger und auch gegen den Schuldner durchgeführt werden muß, gilt also ebenso, wie oben § 12 für die Klage aus § 771 ZPO. ausgeführt wurde.[2]

---

[1] Auch dies ist die herrschende Meinung; so Seuffert § 805, 1a; Struckmann-Koch 805; Stein 805 III, welch letzterer die Klage aus § 805 treffend als „ein Minderes" gegenüber der aus § 771 bezeichnet.

[2] Vgl. auch Stein Komm. 818; Seuffert 818.

Das Ergebnis ist demnach: Wird die Klage aus § 805 ZPO. rechtzeitig erhoben, so besteht am Erlös Miteigentum zwischen Gläubiger und Sacheigentümer; die Quote des letzteren hat die Höhe des nach § 805 ZPO. Vorgehenden und ist mit dessen Pfandrecht belastet. Diese Regelung wird sogar relativ häufig praktisch werden, weil ja § 805 Abs. 4 ZPO. eine Hinterlegung des Erlöses vorsieht, sobald der Dritte seinen Anspruch geltend macht.[1] Ist aber keine Hinterlegung des Erlöses erfolgt, hat also der Gerichtsvollzieher den ganzen Erlös an den Gläubiger abgeliefert, so steht dem Sacheigentümer wieder der bewußte Anspruch aus § 948 i. V. m. § 951 bzw. aus § 816 BGB. zu, belastet mit dem Pfandrecht des Drittberechtigten.

Hat der Drittberechtigte die ihm zustehende Klage aus § 805 ZPO. nicht erhoben, so steht auch ihm ein Anspruch gegen den Vollstreckungsgläubiger auf die Bereicherung zu, die diesem trotz seines Forderungsunterganges zuteil wurde.

d) Die zu veräußernde Sache ist mit dem Pfändungspfandrechte nachstehenden dinglichen Rechten belastet.

§ 14.

Die Fälle, in denen nach der Pfändung noch dingliche Rechte an der Sache entstehen, sind — abgesehen vom Falle eines weiteren Pfändungspfandrechts — zu interesselos, um in der Literatur behandelt zu werden; sie seien nur der Vollständigkeit halber kurz erwähnt. Besonders vorgesehen ist auch von der Zivilprozeßordnung nur die Entstehung eines weiteren Pfändungspfandrechts: in §§ 826, 827. Die Regelung, die die ZPO. hier trifft, ist praktischer zu nennen, als die für den entsprechenden Fall des bürgerlichen Rechts, daß der erstrangige Pfandgläubiger den Verkauf einer mehrfach verpfändeten Sache betreibt, getroffene. Nach § 827 Abs. 1 S. 1 mit § 819 ZPO. greift hier nämlich das Traditionsprinzip zugunsten aller Gläubiger Platz, also nicht nur zugunsten des im Range Vorgehenden. Da jedoch die ZPO. ausdrücklich nur von nachstehenden Pfändungspfandrechten spricht,

---

[1] Über die Ansicht der herrschenden Lehre, daß im Falle der Erlöshinterlegung Surrogation eintrete, vgl. Anhang.

wird man dieselbe Regelung nicht auch für andere nachträglich an der gepfändeten Sache entstandene Rechte anwenden dürfen. Vielmehr erhalten diese nur ein dingliches Recht an der Hyperocha, d. h. an der Miteigentumsquote des früheren Sacheigentümers bzw. an dem diesem zustehenden Bereicherungsanspruch.

Es braucht wohl nicht erst besonders hervorgehoben werden, daß die dinglich Berechtigten, die verabsäumt haben, die ihnen zustehenden Klagen aus §§ 771 bzw. 805 ZPO. zu erheben, bezüglich der Hyperocha nach wie vor ihr Recht im alten Range haben; das sie begünstigende Surrogationsprinzip ruht ja nur im Umfange des gemäß § 819 ZPO. eingetretenen Traditionsprinzips. Daß sie versäumt haben, die Wirkung des Surrogationsprinzips auch auf den betreibenden Gläubiger zu erstrecken, hat in ihrem Verhältnis zum Eigentümer der gepfändeten Sache und anderen dinglich Berechtigten, die ebenfalls nicht eine der beiden vorerwähnten Klage erhoben haben bzw. überhaupt nicht erheben konnten, keinerlei Einfluß.

e) Der in einer Forderung bestehende Erlös.

§ 15.

1. Das Vollstreckungsgericht kann gemäß § 825 ZPO. auf Antrag anordnen, daß eine gepfändete Sache auf Kredit verkauft wird. Zu einem Kreditverkauf kann es ferner kommen, wenn der Gläubiger und der Schuldner darüber übereinkommen, daß der Gerichtsvollzieher eine Stundung bewilligt.[1] Der Erlös besteht sodann genau wie in den entsprechenden Fällen der Versteigerung verpfändeter Sachen in einer Forderung.[2] Da also somit der Gerichtsvollzieher nichts „empfängt“, so ist selbstredend für die

---

[1] Über den Fall, daß der Gerichtsvollzieher eigenmächtig auf Kredit verkauft vgl. u. §§ 16, 17.

[2] Vgl. o. §§ 4, 5. — Wenn schon WOLFF S. 79 Anm. 49a, auch hier Vorschriften des BGB. anwenden zu müssen glaubt, so darf er doch auf keinen Fall den die Zahlungsfiktion anordnenden § 1238 Abs. 2. anwenden. Denn diese Vorschrift soll ja doch nur Platz greifen bei rechtswidriger Verletzung der Vorschriften des § 1238 Abs. 1, nicht aber dann, wenn (was auch das BGB. in § 1245 ausdrücklich vorsieht) der Pfandeigentümer von der Innehaltung jener Vorschrift entbindet.

Anwendung des § 819 ZPO. kein Raum. Damit ist gesagt: Das Surrogationsprinzip bleibt undurchbrochen! Also steht die Kaufpreisforderung dem ehemaligen Eigentümer der gepfändeten Sache — d. h. in der Regel dem Schuldner — zu und sämtliche Rechte, die an der Sache bestanden, bestehen nunmehr an dieser Forderung. Es ist nur eigentümlich, daß auch Kommentare, die nicht auf dem Standpunkt stehen, daß das Prinzip der Erlösregelung die Surrogation ist, hier doch Surrogation annehmen.[1] Konsequenter ist es von jenem Standpunkt, wie SEUFFERT (817, 2) anzunehmen, daß die Forderung dem Gläubiger zusteht! Denn ohne eintretende Surrogation ist dies natürlich der Fall, da dieser doch der Verkäufer, bzw. der zu dessen Gunsten die Versteigerung erfolgte, ist. Der Unterschied der Anschauung SEUFFERTS von der der herrschenden Lehre besteht hauptsächlich darin, daß nach ihm der Gläubiger der Gefahr der Uneinbringlichkeit trägt. Bezüglich der Billigkeit einer solchen Regelung ist dasselbe zu sagen, wie oben §§ 4, 5.

2. Gemäß § 817 Abs. 4 ist der Gläubiger, dem der Zuschlag erteilt wurde, von der Verpflichtung der Barzahlung insoweit befreit, als der Erlös zu seiner Befriedigung zu verwenden ist. — Infolge dieser Regelung beim Vorhandensein mehrerer Gläubiger viel einfacher, als sie dies wäre, wenn die Vorschrift entsprechend § 1239 BGB. gefaßt wäre. Die ZPO. braucht keine Zahlungsfiktion noch die weiter nötigen Fiktionen; für alle Beteiligten außer dem Ersteher ist die Rechtslage von der gewöhnlich gemäß § 819 ZPO. eintretenden absolut nicht abweichend. Die Befreiung des Erstehers tritt kraft Gesetzes ein; deshalb ist es nicht nötig, nach einer juristischen Konstruktion für dieselbe zu suchen. STEIN (Komm. 817 Abs. 3 S. 2) glaubt, gegenseitige Aufrechnung liege vor. Das ist von STEINS Standpunkt aus denkbar; denn nach ihm sind ja die Forderungen gleichartig, weil auch die des Gläubigers an den Schuldner auf Eigentumsverschaffung (am Gelde) geht, wie dieser seinerseits durch die Versteigerung eine Forderung auf Eigentumsübertragung am Kaufpreise erlangt. Steht man aber auf dem Standpunkte des Traditionsprinzips, so ist eine Aufrechnung wegen Ungleichartigkeit der Forderungen nicht möglich; denn

---

[1] So PETERSEN-ANGER 817, 2.

der Ersteher schuldet Überführung des Kaufpreises in das gemeinsame Miteigentum aller Gläubiger, diese dagegen lediglich Aufhebung des Miteigentums.

III. Der Versteigerungserlös bei nichtrechtmäßiger Veräußerung.

1. Gültige Veräußerung.

§ 16.

Da die Veräußerung einer dem Schuldner nicht gehörigen Sache im vorstehenden als rechtmäßig erkannt wurde, ist der einzige Punkt, der in der Literatur bei der Besprechung der unrechtmäßigen aber gültigen Veräußerung Interesse zu finden pflegt, erledigt. — Nun wird immer als selbstverständlich angenommen, daß trotz der Verletzung von Versteigerungsvorschriften die Rechtslage des Erlöses nach denselben Grundsätzen wie bei fehlerfreiem Verkaufe zu behandeln sei, dafern nur der Ersteher Eigentum an der Sache erwirbt. Auch Emmerich S. 397 spricht sich kurz in diesem Sinne aus, obwohl gerade er auf dem Gebiet des bürgerlichen Rechts Veranlassung fand, bei der Frage des Eigentumserwerbs am Erlöse bei nichtrechtmäßiger aber gültiger Veräußerung jeden Verstoß gesondert daraufhin zu prüfen. Wie nun dort für das Eingreifen des Traditionsprinzips maßgebend war, daß der Erlös dem Gläubiger auf Grund eines Pfandrechtes gebührte, so ließ sich auch hier ein entsprechendes Kriterium finden. Nämlich in Anlehnung an Wolff wurde schon oben gesagt, daß die Veräußerung unrechtmäßig, aber gültig ist, wenn die erforderliche öffentliche Bekanntmachung erfolgt war, die Versteigerung maßvoll betrieben wurde, der Zuschlag nicht unter Metallwert erfolgte und daß die Verstrickung gültig war.[1] Auch über das letztgenannte Erfordernis war oben schon genügend die Rede. Es soll nur noch darauf hingewiesen werden, daß die damit ausgesprochene Beschränkung des Sinnes des § 819 ZPO. auch rechtspolitischen Gründen zu verteidigen ist; denn würde man sie leugnen, so würde ja ein Gläubiger, der von jemanden Sachen durch Diebsgriff erlangt hat und von einem Gerichtsvollzieher formrichtig ver-

[1] Vgl. o. §§ 9, 10.

steigern läßt, Eigentum am Erlöse erwerben können. Aus diesem und ähnlichen Beispielen geht klar hervor, wie sehr die wirksame Verstrickung das Fundament des ganzen nachfolgenden Vollstreckungsverfahrens bildet.

2. Ungültige Veräußerung.

§ 17.

Ist die Vollstreckungsveräußerung ungültig, so ist es so anzusehen, als hätte überhaupt keine Vollstreckungsveräußerung stattgefunden. Sonderrechtssätze des Vollstreckungsrechts können für den Erlös dann keine Anwendung finden. Ebensowenig können sich ja hier Zweifel in der Vertretungsmacht des Gerichtsvollziehers einstellen; denn auch diese Zweifel setzen eine gültige Veräußerung voraus. Da eine solche nun hier nicht vorliegt, der Gläubiger aber andererseits den offenbaren Anstoß dazu gegeben hat, daß der Gerichtsvollzieher den für die veräußerten Sachen gezahlten Preis entgegennimmt, so erwirbt er an diesem ebenso selbstverständlich Eigentum, wie im entsprechenden Falle des bürgerlichen Rechts. Während letzteres nun auch durchaus herrschende Lehre ist und auch von Emmerich S. 377 anerkannt wird, leugnet dieser — die Literatur befaßt sich im übrigen nicht mit diesem Thema — S. 398 einen Eigentumserwerb des Gläubigers. Nach ihm soll vielmehr der Ersteher das Eigentum am Erlöse behalten! — Das ist durchaus nicht einzusehen; denn der Ersteher hat bei der Übergabe der Geldstücke an den Gerichtsvollzieher ganz sicher den Willen, dem Veräußerer Eigentum an ihnen zu verschaffen und der Gerichtsvollzieher die entsprechende Absicht, für diesen Eigentum daran zu erwerben! Emmerich übersieht, daß also in Wirklichkeit eine ganz gewöhnliche Übereignung der Geldstücke — also gemäß § 929 i. V. m. § 164 BGB. — und absolut keine Handhabe vorliegt, wegen der kraft Gesetzes bestehenden Ungültigkeit der Eigentumsübertragung an der Sache auch die Eigentumsübertragung am Erlöse für ungültig anzusehen.

IV. (Anhang.) Die dingliche Rechtslage des hinterlegten Erlöses.

§ 18.

Die Wirkung des § 819 ZPO. soll nach dessen eigenen Wortlaut nur gelten, „sofern nicht dem Schuldner nachgelassen ist, durch Sicherheitsleistung oder durch Hinterlegung die Vollstreckung abzuwenden". Ist dies nämlich gemäß § 713 Abs. 2 ZPO. dem Schuldner nachgelassen, so hat nach § 723 ZPO. die Hinterlegung des Erlöses zu erfolgen.

Die Literatur will nun fast durchgehend[1] den zitierten einschränkenden Zusatz des § 819 ZPO. auch stets dann anwenden, wenn eine Hinterlegung des Erlöses aus anderem Grunde erfolgt. Angeführt werden gewöhnlich die Fälle, daß gemäß § 805 Abs. 4 ZPO. der Pfandgläubiger, welcher nicht im Besitze der gepfändeten Sache ist, seinen Anspruch glaubhaft macht[2]; daß gemäß § 827 Abs. 2 unter den Gläubigern Streit herrscht und endlich der Fall der Arrestpfändung nach § 930 Abs. 2 ZPO. Hinsichtlich letzterer ist natürlich kein anderer Standpunkt möglich. Das Arrestverfahren bezweckt nicht Befriedigung, sondern nur Sicherung des Gläubigers, so daß es zum Ausschluß des Traditionsprinzips keiner Analogie aus § 819 4, 2. Halbs. ZPO. bedarf. Im übrigen aber erwecken die Untersuchungen Falkmanns (S. 329f.) berechtigte Zweifel an der Richtigkeit der herrschenden Ansicht. Eine besonders eindringliche Sprache redet schon gleich die Entstehungsgeschichte des § 819 2. Halbs. In der Kommission wollte der Abgeordnete Wolffsohn die Zahlungsfiktion überhaupt gestrichen haben, eben in Hinsicht auf die Fälle der heutigen §§ 805, 827, in denen nach Wolffsohns Meinung für die Zahlungsfiktion kein Raum wäre. Doch wurde dieser Antrag zurückgewiesen und die jetzige Fassung der §§ 815 Abs. 3, 819 beschlossen, in denen eben nur von der nach § 720 zu erfolgenden Hinterlegung die Rede ist. In allen übrigen Fällen sollte es bei der Regel bleiben, daß die Empfangnahme des Erlöses als Zahlung gilt und

---

[1] Vgl. statt aller Seuffert 804, 1a; 819, 1; Petersen-Anger 819; 815, 4,

[2] Auch in entsprechenden Fällen des § 771 ZPO. kann es zu einer Hinterlegung des Erlöses kommen; vgl. RG. 30 S. 397.

den Schuldner befreit. Für den § 805 Abs. 4 ZPO. ist die Regelung sodann die, daß der Gläubiger Eigentum am Erlöse erlangt, aber gemäß den weiter oben entwickelten Prinzipen unter der auflösenden Bedingung, daß der Drittberechtigte ein obsiegendes Urteil aus § 805 erzielt.[1] Entsprechendes würde gelten, wenn im Falle einer Klage aus § 771 ZPO. Hinterlegung des Erlöses erfolgt. — Findet eine solche Hinterlegung gemäß § 827 ZPO. statt, so erlangen bereits in dem Zeitpunkte, wo dies geschieht, die betreibenden Gläubiger Miteigentum nach dem allerdings erst im Verteilungsverfahren zu ermittelnden Verhältnisse.[2]

Gründe für eine solche Regelung gibt aber nicht nur die Entstehungsgeschichte des Gesetzes, vielmehr entspricht sie auch dem Rechtsgefühl. Denn es ist hart für den Schuldner, wenn durch die bloße Glaubhaftmachung eines Drittrechtes seine Rechtslage verschlechtert wird. Wie kommt er, wenn sich hinterher herausstellt, daß das Drittrecht gar nicht besteht, dazu, noch bis zu diesem Zeitpunkt das Eigentum am Erlöse zu haben, also auch die Gefahr des Unterganges desselben zu tragen?! Wie kommt er ferner dazu, trotz der für ihn fühlbar stattgefundenen Pfändung noch nicht von seiner Schuld befreit zu sein, so daß er also dieselbe noch immer zu verzinsen hat?! Diese Folgerungen erscheinen auch zum Teil der Gegenmeinung als ungerecht, deshalb will SEUFFERT (815, 3b am Ende), wenn später das Vollstreckungsgericht doch noch die Ablieferung des Erlöses an den Gläubiger anordnet, die Wegnahme noch nachträglich als Zahlung gelten lassen, wie wenn keine Hinterlegung erfolgt wäre.

---

[1] So auch FALKMANN S. 333.

[2] Wenn man nicht den sofortigen Übergang des Eigentums am Erlöse trotz Hinterlegung gemäß § 827 ZPO. annimmt, so ist der Weg, den die herrschende Lehre geht, indem sie die Wirkung des § 819 ZPO. erst dann ausgeschlossen wissen will, wenn die Hinterlegung wirklich erfolgt, nicht etwa der einzig mögliche. PLANCK S. 759 will zum Beispiel die Wirkung des § 819 ZPO. schon dann ausgeschlossen wissen, wenn die Möglichkeit besteht, daß es zur Hinterlegung kommen werde, d. h. stets dann, wenn der Erlös nicht zur Befriedigung sämtlicher Gläubiger ausreicht, so daß ein Rangstreit erfolgen kann. Diese Regelung ist nicht einmal unpraktisch, da bei ihr das Schwanken der Rechtsklage des Erlöses vermieden wird. Vgl. d. Folg.

Hier ist auch der Platz, noch einem Einwand entgegenzutreten, den STEIN (S. 80ff.) den Vertretern des Traditionprinzips macht. Wenn diese nämlich auf dem — wie schon bemerkt überwiegend vorherrschenden — Standpunkt stehen, daß die gemäß § 805 Abs. 4 ZPO. erfolgende Hinterlegung der in § 819 zweiter Halbs. erwähnten gleichzubehandeln sei, also eine Ausnahme vom Prinzip des § 819 ZPO. bedeute, so ergibt sich allerdings für den hinterlegten Erlös ein bedenkliches Schwanken der Rechtslage. Zuerst, wenn der Gerichtsvollzieher den Erlös empfängt, wird der Gläubiger Eigentümer desselben. Eine Stunde später — so fährt STEIN mit Recht tadelnd fort — erscheint vielleicht ein Dritter bei dem Gerichtsvollzieher mit einer eidesstattlichen Versicherung, daß die Sache ihm gehöre. Durch diesen Vorgang wird das Geld wieder Eigentum des früheren Sacheigentümers. Der Dritte läßt vielleicht nun die Frist des § 769 Abs. 2 ZPO. verstreichen: also wird der Gläubiger wieder Eigentümer. — Der im vorstehenden enthaltene Vorwurf kehrt sich in Wirklichkeit nicht gegen Anwendung des Traditionsprinzips, sondern gegen die Gleichstellung der Hinterlegung des § 803 mit der des § 720 ZPO.! STEIN, welcher ebenfalls jener Gleichstellung huldigt[1], kommt auch von seinem Standpunkt des uneingeschränkten Surrogationsprinzips zu genau den gleichen unerträglichen Schwankungen. Daß diese bei ihm nicht begrifflich die dingliche Rechtslage betreffen, ist praktisch irrelevant. Will doch auch STEIN in der Gefahrtragung, im Risiko der Ablieferung den § 819 ZPO. gekennzeichnet sehen, wie dies ja auch die Anhänger des Traditionsprinzips wollen. Nach STEIN geht also sofort mit der Empfangnahme des Erlöses seitens des Gerichtsvollziehers die Gefahr auf den Gläubiger über. Kommt nach einer Stunde besagter eidesstattlich versichernde Dritte, so geht die Gefahr wieder auf den Gläubiger über; läßt der Dritte die Frist § 769 Abs. 2 ZPO. verstreichen, so ist die Gefahr wieder beim Gläubiger usw.! Die wirkliche Rettung aus diesem ewigen Hin und Her ist allein die Aufgabe der Meinung, nach welcher jegliche Art der Hinterlegung mit der Hinterlegung des § 720 ZPO. identifiziert werden muß.

[1] Vgl. Komm. 815 IV, 819 II.

Weist doch auch letztere einen großen inneren Wesensunterschied zu den anderen Fällen der Hinterlegung in der Mobiliarzwangsvollstreckung auf. Denn der Schuldner, dessen Geld nach § 720 ZPO. hinterlegt wird, hat durch den nach §§ 720, 713 Abs. 2 vorausgesetzten Antrag zu erkennen gegeben, daß er eine Befriedigung des Gläubigers nicht will, weil er sich jedenfalls zu einer solchen nicht für verpflichtet hält. In den Fällen der §§ 805, 827 ZPO. dagegen ist von einem solchen gegenteiligen Willen des Schuldners nicht die Rede; ganz außerhalb des Schuldners liegende Ereignisse führen zur Hinterlegung, und es ist nicht anzunehmen, daß deshalb der Schuldner trotzdem so behandelt werden soll, als wolle er eine Befriedigung des Gläubigers verhindern.

Literaturverzeichnis.

Bein, Die Stellung des Pfändungspfandgläubigers bei Vornahme der Zwangsvollstreckung in eine dem Schuldner nicht gehörende, bewegliche Sache. Erlangen 1908.

Biermann, Das Sachenrecht des Bürgerlichen Gesetzbuchs. 2. Aufl. Berlin 1903.

Bloch, Die Wirkungen des Mobiliarpfandverkaufs nach dem Bürgerlichen Gesetzbuche. Würzburg 1902.

Buhl, Das Recht der beweglichen Sachen. Leipzig 1901.

Cosack, Lehrbuch des deutschen bürgerlichen Rechts. 5. Aufl., Bd. 2, erster Teil. Jena 1911.

Crome, System des deutschen bürgerlichen Rechts. Bd. 3. Tübingen 1905.

Demelius, Das Pfandrecht an beweglichen Sachen nach österreichischem bürgerlichen Recht. Wien und Leipzig 1897. Erste Abteilung.

Dernburg, Das Sachenrecht. 4. Aufl. Halle 1908.

Eck-Leonhardt, Vorträge über das Recht des Bürgerlichen Gesetzbuchs. Bd. 1. Berlin 1903.

Emmerich, Pfandrechtskonkurrenzen, nach bürgerlichem Handels- und Prozeßrecht. Berlin 1909.

Endemann, Lehrbuch des bürgerlichen Rechts. 8. Aufl. Berlin 1903. Bd. 1.

Enneccerur-Lehmann, Das bürgerliche Recht. 2. Aufl. München 1901.

Enneccerus-Kipp-Wolff, Lehrbuch des bürgerlichen Rechts. 2. Bd. 1. Abt. 6.—8. Aufl. Marburg 1913.

Falkmann, Die Zwangsvollstreckung. Berlin 1908, 1914.

Freund, Der Eingriff in fremde Rechte als Grund des Bereicherungsanspruchs. In: Studien zur Erläuterung des bürgerlichen Rechts. Heft 7.

Fröhlich, Haftung des Gläubigers bei Vollstreckung in Sachen Dritter. Breslau 1908.

Gaupp-Stein, Kommentar zur Zivilprozeßordnung. 10. Aufl. Tübingen 1913.

Gierke, Deutsches Privatrecht. Bd. 2. Leipzig 1905.

Goldmann-Lilienthal, Das Bürgerliche Gesetzbuch, systematisch dargestellt. Bd. 1. 2. Aufl. Berlin 1903.

Grosfeld, Die Ansprüche des Dritteigentümers aus unrechtmäßiger Mobiliarzwangsvollstreckung. Münster 1901.

Günther, Die Wirkungen des Pfandverkaufs nach dem Bürgerlichen Gesetzbuch. Rostock 1903.

Hachenburg, Vorträge über das Bürgerliche Gesetzbuch, 1900.

Hahn, Materialien zur Zivilprozeßordnung. Berlin 1880.

Jaeger, Kommentar zur Konkursordnung. 3. und 4. Aufl. Berlin 1913.

Kalau v. Hofe, Die Ansprüche des Dritteigentümers nach beendigter Zwangsvollstreckung in fremde bewegliche Sachen nach deutschem bürgerlichen Recht. Jena 1907.

Kober, Sachenrecht. In Staudingers Kommentar. 7. und 8. Aufl. München und Berlin 1912.

Koffka, Kann im Gebiete des Preußischen Allgemeinen Landrechts der dritte Eigentümer einer im Wege einer Zwangsvollstreckung gepfändeten und verkauften Sache von dem Gläubiger die Herausgabe des Erlöses beanspruchen? In Bödikers Magazin für das deutsche Recht der Gegenwart. Bd. 8, S. 161 ff.

Kretschmar, Das Sachenrecht des Bürgerlichen Gesetzbuches. Leipzig 1906.

Kuhlenbeck, Handkommentar zum Bürgerlichen Gesetzbuch. Bd. 1. Berlin 1903.

Kühlewein, Der Pfandverkauf nach dem Bürgerlichen Gesetzbuch. Marburg 1906.

Leonhard, Franz, Aufrechnung gegen eine Nichtschuld. Im Archiv für bürgerliches Recht. Bd. 21, S. 213 ff.

v. Mayr, Der Bereicherungsanspruch des deutschen bürgerlichen Rechts. Leipzig 1903.

Meissner, Kommentar zum Recht der Schuldverhältnisse. Breslau 1898.

Müller, W. A., Die Wirksamkeit des Pfändungspfandrechts. Berlin 1907.

Motive zu dem Entwurfe eines Bürgerlichen Gesetzbuchs. Berlin und Leipzig 1898.

Neukamp, Besprechung von Martin Wolffs Schrift in ZZP. Bd. 36, S. 389 ff.

Neumann, Handausgabe des Bürgerlichen Gesetzbuchs. 6. Aufl. Berlin 1912.

Oertmann, Besprechung von Emmerichs Schrift in J. 2, Bd. 21, S. 211 ff.

Ders., Das Recht der Schuldverhältnisse. 3. und 4. Aufl. Berlin 1910.

Ders., Die Frage der Bereicherungshaftung des Vollstreckungsgläubigers bei Pfändung fremder Sachen. Im Archiv f. zivilist. Praxis. Bd. 96, S. 1 ff.

Pagenstecher, Ist das Pfändungsrecht ein akzessorisches Recht? In Gruchots Beitr. Bd. 50, S. 274 ff.

Petersen-Anger, Kommentar zur Zivilprozeßordnung. Bd. 2. 5. Aufl. 1906.

Planck, G., Kommentar zum Bürgerlichen Gesetzbuch. Bd. 3. 3. Aufl. Berlin 1906.

Planck, J. W., Lehrbuch des deutschen Zivilprozeßrechts. Bd. 2. Berlin 1896.

Predari, Besprechung von Emmerichs Schrift. In Gruchots Beitr. Bd. 54, S. 451.

Protokolle der Kommission für die zweite Lesung des Entwurfs eines Bürgerlichen Gesetzbuchs. Bd. 3. Berlin 1899.

REICHMAYR, Die Zwangszahlung aus fremden Mitteln. Leipzig und Wien 1910.

REICHEL, Zwangsüberweisung gepfändeter Fahrnis an den Gläubiger. In Jahrb. für Dogmatik. Bd. 53, S. 108ff.

RIEHL, Über die materiellrechtlichen Voraussetzungen des Pfändungspfandrechts. Berlin 1888.

ROGGE, Über den Eintritt einer Schadensersatzpflicht wegen ungerechtfertigter Zwangsvollstreckung.

SCHMIDT, Lehrbuch des deutschen Zivilprozeßrechts. 2. Aufl. 1906.

SCHULZ, System der Rechte auf den Eingriffswert. Im Archiv für zivilistische Praxis. Bd. 105, S. 1ff.

SEUFFERT, Kommentar zur Zivilprozeßordnung. 11. Aufl. München 1910 (Bd. 1) und 1911 (Bd. 2).

SIBER, Der Rechtszwang im Schuldverhältnis nach deutschem Reichsrecht. 1903.

SMOIRA, Die Haftung des redlichen Gläubigers nach beendigter Zwangsvollstreckung in bewegliche, dem Schuldner nicht gehörige Sachen. Berlin 1911.

SOHM (Ref.), Wesen und Voraussetzungen der Widerspruchsklage. Leipzig 1908.

STAUB, Klage auf Rückzahlung des Erlöses. In der Juristischen Wochenschrift. Jahrg. 1888, S. 207ff.

STEIN, Die Zivilprozeßordnung für das Deutsche Reich. 10. Aufl. Tübingen 1911 (Bd. 1) und 1913 (Bd. 2).

Ders., Grundfragen der Zwangsvollstreckung. Tübingen 1913.

STRUCKMANN-KOCH, Kommentar zur Zivilprozeßordnung. 9. Aufl.

v. THUR, Zur Lehre von der ungerechtfertigten Bereicherung. Weimar 1907.

WEISMANN, Lehrbuch des Deutschen Zivilprozeßrechts. Bd. 2. Stuttgart 1905.

WESTHOFF, Die Wirkungen des Faustpfandverkaufs auf die Rechte der Interessenten nach dem Bürgerlichen Gesetzbuche. Erlangen 1901.

WINDSCHEID-KIPP, Lehrbuch des Pandektenrechts. 9. Aufl. 1906.

WOLFF, Die Zwangsvollstreckung in eine dem Schuldner nicht gehörige bewegliche Sache. In: Festgabe für Dr. BERNHARD HÜBLER. Berlin 1905.

FSC
www.fsc.org
MIX
Papier | Fördert gute Waldnutzung
FSC® C083411

Kolibri 360 GmbH
Ferdinand-Jühlke-Straße 7
99095 Erfurt, Deutschland
produktsicherheit@kolibri360.de